AF557478

Reise ins unbekannte Ich

KENJIRŌ YOSHIGASAKI

REISE INS UNBEKANNTE ICH

WEGE ZU EINEM NEUEN WAHRNEHMEN

VERLAG WERNER KRISTKEITZ

Die Originalausgabe erschien 2002 unter dem Titel «Inner Voyage of a Stranger» im gleichen Verlag.

2., vollständig überarbeitete und revidierte Auflage 2020-2024.

Übersetzung aus dem Englischen von Marion Schweinzer
Illustrationen © Aleš Leskovšek, Ljubljana

Umschlaggestaltung: Saskia Vandrey
Umschlagphoto © Ralf Hohaus 2002, verwendet mit freundlicher Genehmigung

ISBN 978-3-948378-04-2

www.kristkeitz.de

Inhalt

Vorwort

Lord Yehudi Menuhin war nicht nur der herausragendste
Geigenvirtuose des zwanzigsten Jahrhunderts, sondern auch ein
großer Humanist. Sein Hauptanliegen galt den Fragen
der Erziehung und den Problemen Jugendlicher.
Deshalb gründete er das Projekt MUSE,
das Kultur und Harmonie in Schulen tragen will, die unter Gewalt
und Diskriminierung leiden.
Als Lord Yehudi Menuhin von Ki-Aikido,
dem «Weg zur Harmonie mit dem Universum», hörte,
wollte er herausfinden, ob diese Kunst
ihm bei seinem Vorhaben helfen könnte.
Hier ist sie nun, die erste Ki-Aikido-Lektion des achtzigjährigen,
im Geist aber jung gebliebenen und immer noch
wissbegierigen Geigenvirtuosen ...

Aus dem Videofilm *The Beginner* (1996)
von Alain de Halleux, Brüssel

Ich kam im Jahr 1977 nach Europa, um Ki-Aikido zu unterrichten. In mehreren Jahrzehnten seitdem habe ich Ki-Aikido nicht nur in ganz Europa, sondern auch in Südamerika und Südafrika verbreitet.

Schon immer habe ich, bevor ich in meinen Lehrgängen zu den Techniken des Aikido kam, unterrichtet, wie man leben soll, aber es verlangt tägliches Nachdenken und viel Einsicht, wenn man das Leben verstehen will.

Es genügte nicht, wenn ich meinen Schülern nur während der Lehrgänge etwas erklärte, um ihnen die mannigfaltigen Aspekte des Lebens nahezubringen. Ich habe mich entschlossen, dieses Buch zu schreiben, damit die Menschen es so oft wie möglich lesen können, ihr ganzes Leben lang.

Das Leben ist ein in sich abgeschlossenes Ganzes, und alles, was der Mensch tut, hängt davon ab, wie er das Leben begreift. Wenn der Mensch sein eigenes Leben nicht richtig zu begreifen vermag, werden seine Handlungen immer unvollständig bleiben.

Dieses Buch ist nicht nur für meine Schüler konzipiert, sondern für jeden, der das Leben verstehen möchte.

Es hätte nicht erscheinen können ohne die freundliche Unterstützung von Fiona Gordon, Jose Lacey und Marion Schweinzer.

Kenjiro Yoshigasaki
Brüssel, im Februar 2002

I
Leben

1. Was soll ich tun oder wie soll ich es tun?

Finden Sie es nicht auch schwierig, herauszubekommen, wie Sie leben sollen? Niemand scheint ja auf diese Frage eine gute Antwort zu haben. Sie können versuchen, einen Weg zu finden, der Ihren Vorlieben oder Ihrer Persönlichkeit entspricht, aber Sie wissen nie, ob das wirklich der richtige Weg ist. Also geben Sie vielleicht irgendwann auf und sagen: «Es ist ja unmöglich, den einzig richtigen Weg im Leben zu finden.»

Wenn es auf eine Frage keine Antwort gibt, sollten Sie die Frage selbst genauer anschauen. Tatsächlich beinhaltet die Frage «Wie soll ich leben?» die Frage «Wie soll ich etwas tun?» Diese Frage – «Wie soll ich etwas tun?» – taucht erst auf, wenn Sie wissen, *was* Sie tun sollten. Wenn Sie nicht wissen, was Sie tun sollten, stellt sich auch die Frage nach dem Wie nicht. Kaum jemand weiß aber, was er oder sie tun sollte, und das ist das wahre Problem im Leben. Wenn Sie genau wissen, was Sie tun sollten, können Sie immer auch die Frage nach dem Wie lösen.

Was Sie in Ihrem Leben tun sollten, ist natürlich nicht leicht herauszufinden. Denken Sie nur an all die schwierigen Zeiten, die Sie durchlebt haben! Vermutlich wussten Sie im Einzelfall zunächst nicht, was Sie tun sollten. Aber sobald es Ihnen einmal klar war, konnten Sie immer auch einen Weg finden, es zu realisieren – auch wenn es vielleicht nicht immer der beste oder einfachste Weg war. Die eigentliche Frage ist also nicht: «Wie soll ich etwas tun?», sondern: «Was soll ich tun?»

Fast jeder versucht mithilfe seiner Gedanken oder Gefühle zu entscheiden, was er tun sollte. Wenn Sie anfangen über diese Frage nachzudenken, geraten Sie schnell durcheinander und bekommen Kopfschmerzen. In dem Versuch, die Entscheidung mithilfe von Gefühlen zu treffen, beginnen Sie zu zweifeln oder handeln gar verantwortungslos. Irgendwann gehen Sie vielleicht sogar zu einer alten Frau mit einer Kristallkugel und bitten sie, für Sie zu entscheiden. Aber es ist unmöglich, sie über alles im Leben zu befragen.

Deswegen geben Sie es irgendwann auf, sich zu fragen, was zu tun sei, und beginnen sich zu fragen, wie Sie das tun sollten, was Sie bereits entschieden haben, tun zu wollen. So müssen Sie bereits getroffene Entscheidungen nicht mehr hinterfragen und das Leben geht ohne Störungen weiter. Sie können Vergnügen darin finden, Ihre Art und Weise zu verbessern, etwas zu tun. Solange dieses Vergnügen andauert, können Sie die grundlegenden Fragen des Lebens vergessen und das Leben geht seinen gewohnten Gang. Dennoch bleibt die wahre Frage noch immer bestehen: «Was soll ich jetzt in meinem Leben tun?» Wenn Sie sich vor dieser konkreten Frage verstecken, bleibt irgendwo in der Tiefe Ihres Lebens immer ein Schatten oder ein Zweifel. Das schwächt Ihren Geist und Ihren Körper. Dagegen können Sie zwar körperliche oder geistige Übungen machen, aber darum geht es ja nicht. Die wahre Frage – «Was soll ich in meinem Leben tun?» – bleibt.

2. Wahrnehmung und Handlung

Um die Antwort auf eine Frage zu finden, muss man zunächst die Frage genau betrachten. Die Frage «Was tun im Leben?» enthält drei wesentliche Wörter: «was», «tun» und «Leben». Den Unterschied zwischen «wie» und «was» habe ich bereits erklärt. Jetzt gilt es, «tun» (oder «handeln») und «Leben» zu klären. Wie hängen Tun und Leben zusammen? Die meisten Menschen verstehen das Leben nicht richtig, weil sie viel zu sehr damit beschäftigt sind, sich Gedanken darüber zu machen, was sie tun sollten, und wie. Aber wenn Sie zu einem Ergebnis kommen wollen, gilt es, bis zu den Wurzeln vorzudringen. Deswegen müssen Sie lernen, das Leben als Wahrnehmen und Tun bzw. Handeln zu verstehen. «Tun» ist leicht zu verstehen. Sie tun immer irgendetwas. Selbst wenn Sie nichts tun, nehmen Sie etwas wahr. Es ist unmöglich, überhaupt nichts wahrzunehmen. Wenn Sie Schmerzen haben oder unglücklich sind, wollen Sie das nicht wahrnehmen, aber können nichts dagegen tun, dass Sie es wahrnehmen. Deswegen trinken viele übermäßig, wenn sie Probleme haben oder unglücklich sind. Sie wollen sich betrinken, damit sie ihre Probleme oder ihr Unglücklichsein nicht mehr wahrnehmen. Aber was Sie in dieser Situation auch tun, Sie nehmen Ihre Probleme oder Ihr Unglücklichsein noch immer wahr. Irgendetwas nehmen sie immer wahr.

Das Leben besteht also aus Tun (Handeln) und Wahrnehmen. Da die Wahrnehmung nicht so einfach zu kontrollieren ist, versuchen Sie für gewöhnlich, das Handeln unter Kontrolle zu bekommen. Die Frage lautet dann: «Wie kann ich meine Handlungen kontrollieren?» Dazu müssen wir zunächst verstehen, worauf unsere Handlungen basieren. Für gewöhnlich macht man das Denken und Fühlen zur Grundlage seines Lebens, weil man glaubt, sie seien ursächlich für das Handeln. Wenn Sie sich fragen, was Sie tun sollen, beginnen Sie nachzudenken, um zu einer Entscheidung zu kommen. Haben Sie sich entschieden, dann versuchen Sie, sich gemäß Ihrer Entscheidung zu verhalten. Wenn Sie durch Nachdenken zu keiner Entscheidung kommen, geben Sie das Nachdenken auf, nicht aber das Entscheiden. Dann versuchen Sie mithilfe von Gefühlen oder instinktiv zu einer Entscheidung zu kommen, aber noch immer versuchen Sie, etwas zu entscheiden.

Das ist das klassische Konzept, dem die meisten Leute folgen. Sofort jedoch fallen zwei Schwierigkeiten auf: Die erste Schwierigkeit ist das Sichentscheiden selbst. Jeder weiß, wie schwierig es im Leben ist, eine wichtige Entscheidung zu treffen. Das ist völlig normal, weil Sie beim Nachdenken zuerst die Wirklichkeit mithilfe von Worten interpretieren müssen. Die verbale Interpretation der Wirklichkeit ist nie das gleiche wie die Wirklichkeit selbst. Ihre Gedanken geben also nicht exakt die Wirklichkeit wieder, was eine perfekte Entscheidung unmöglich macht. Irgendwann müssen Sie sich aber zu einer Entscheidung durchringen, auch wenn Sie noch Zweifel haben. Sie brechen also den Denkprozess ab, denn solange Zweifel bestehen, denken Sie weiter. Wie brechen Sie diesen Prozess ab? Wenn Sie sich selbst genau beobachten, bemerken Sie, dass Sie dabei etwas in Ihrem Körper ein klein wenig anspannen, meist den Mund oder den Nacken. Darum sind Leute, die viele wichtige Entscheidungen treffen müssen, oft sehr verspannt.

Sie wollen aber diese Anspannung vermeiden, also geben Sie die Vorstellung, eine Entscheidung durch Denken zu erreichen, auf und versuchen es ohne zu denken, also instinktiv oder nach Gefühl. So vermeiden Sie zwar die Anspannung, haben allerdings keine Gewähr, dass die getroffene Entscheidung die richtige ist.

Wenn Sie sich für etwas entschieden haben, müssen Sie es aber noch körperlich ausführen. Hierbei könnten zwei Probleme auftauchen. Zum einen könnte die Handlung Details enthalten, die nicht durch die Entscheidung beschrieben werden. Schließlich liegt die Entscheidung in verbaler Form vor und kann die Handlung per se nie gänzlich beschreiben, und so können während ihrer Ausführung weitere Fragen auftreten, die die Ausführung beeinträchtigen. Zum anderen kann es sein, dass Ihr Körper nicht der Entscheidung entsprechend handeln will. Betrachten Sie nur die vielen Leute, denen es schwerfällt, mit dem Rauchen oder Trinken aufzuhören. Auch wenn Sie eine Entscheidung getroffen haben, will Ihr Körper nicht immer mitmachen.

Angesichts so vieler Schwierigkeiten ist es nachvollziehbar, wenn Sie die Idee, eine Entscheidung zu treffen und dieser dann zu folgen, anzweifeln. Das ist der Beginn der Meditation. Nach und nach könnten Sie dann merken, dass Handlungen gar nicht auf Entscheidungen basieren. Durch diese Erkenntnis werden Sie sich sehr erleichtert, frei und entspannt fühlen. Das Leben scheint nun sehr einfach zu sein. Für gewöhnlich nennt man dies Erleuchtung.

Aber was bestimmt dann das Handeln? Nicht Denken oder Fühlen bestimmen das Handeln, sondern die Wahrnehmung. «Was soll ich tun?» ist damit gleichbedeutend mit «Welche Handlung soll geschehen?». Unbewusst glauben Sie, Handlungen würden vom Denken, also von Entscheidungen abhängen. Also versuchen Sie zu entscheiden, was Sie tun sollen. Und das ist der grundlegende Fehler. Handlungen hängen nämlich nicht vom Denken, vom Fühlen, von Emotionen etc. ab. Handlungen werden durch unsere Wahrnehmung in jedem einzelnen Augenblick bestimmt.

Leider haben wir die Angewohnheit, Dinge getrennt wahrzunehmen. Wenn Sie nur einen Gedanken wahrnehmen, wird die Handlung in diesem Augenblick von diesem Gedanken bestimmt.

Nehmen Sie nur eine Emotion wahr, wird die Handlung in diesem Augenblick von dieser Emotion bestimmt. Also denken Sie irrigerweise, Ihr Handeln basiere auf diesem Gedanken oder dieser Emotion. Aber Handlungen, die auf dem Denken, und Handlungen, die auf Emotionen basieren, können einander widersprechen, und dies bewirkt einen inneren Konflikt und damit eine Anspannung. Ein Beispiel: Sie sehen ein schönes neues Auto und bemerken eine gewisse Emotion in Ihrem Körper der Art «Ich würde mir gern ein schönes Auto kaufen.» Kurz darauf nehmen Sie einen Gedanken wahr, der Ihnen sagt: «Das ist doch reine Geldverschwendung, also sollte ich es nicht kaufen.» Nun schwanken Sie zwischen dem Wunsch und dem vernünftigen Gedanken hin und her, und Sie befinden sich in einem Konflikt (Abb. 1).

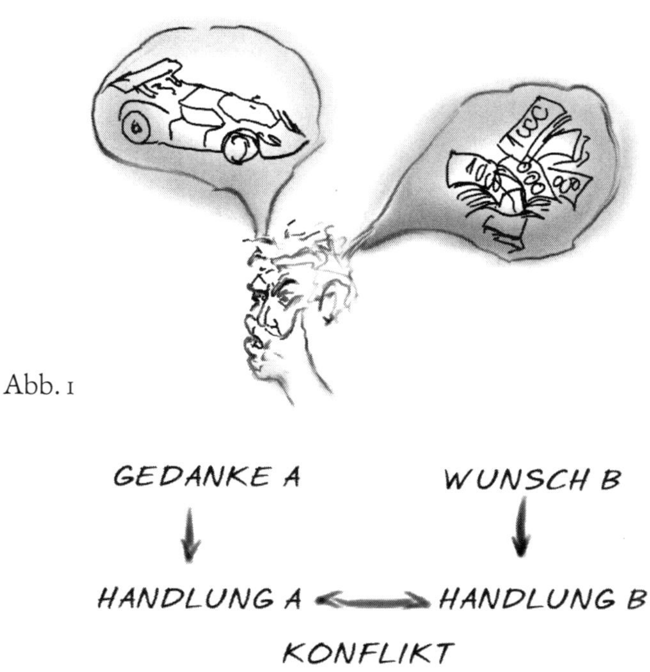

Abb. 1

Wenn Sie aber alles zusammen als eins wahrnehmen, entsteht aus dieser Wahrnehmung von selbst eine Handlung (Abb. 2).

Sie benötigen zum Handeln keine Entscheidung. Da Ihre Handlung aus der vollständigen Wahrnehmung entsteht, ist es eine vollständige Handlung. Die einzige Schwierigkeit liegt darin, diese vollständige Wahrnehmung andauernd aufrechtzuerhalten.

Abb. 2

3. Wahrnehmung

Ihr Handeln entsteht aus dem, was Sie Moment für Moment wahrnehmen. Wenn Sie wissen, was Sie im Leben tun sollen, verschwinden alle anderen Fragen. Die Schwierigkeit liegt nur darin, zu verstehen, dass das Handeln durch die Wahrnehmung bestimmt wird.

Zunächst müssen Sie wissen, was Wahrnehmung eigentlich heißt. Wahrnehmung bedeutet, die Welt kennenzulernen. Wenn ein Baby geboren wird, denkt es nicht, aber es nimmt etwas wahr. Sogar Pflanzen nehmen Wärme oder Licht wahr. Tiere verfügen bereits über mehr Sinnesorgane. Pflanzen verhalten sich entsprechend ihrer Wahrnehmung von Licht, Wärme etc. Tiere jedoch können lernen, sodass ihr Verhalten einerseits bestimmt wird von dem, was sie gelernt haben, und andererseits von dem, was sie wahrnehmen. Was sie gelernt haben, bleibt in ihrem Körper und manifestiert sich als Reaktion auf ihre Umgebung. Wenn Sie verstehen, dass Wahrnehmung die Grundlage jeglichen Lebens ist, dann verstehen Sie auch, dass die einzelnen Handlungen im Leben von der Wahrnehmung abhängen und nicht vom Denken.

Wir sprechen hier von Lernen und Gewohnheiten. Bei anderen Lebewesen ist es vielleicht nicht so, aber Menschen können wahrnehmen, wie sich Gelerntes oder Gewohnheiten manifestieren, und dass diese Wahrnehmung unsere Handlungen verändert. Unser Handeln gründet stets in der Gesamtheit unserer Wahrnehmung.

4. Vollständige Wahrnehmung

Was bedeutet nun «vollständige Wahrnehmung»? Gedanken oder Gefühle mögen bestimmte Handlungen bewirken, aber wenn es zwischen Gedanken und Gefühlen einen Konflikt gibt, hat man ein Problem. Dann sagen Sie vielleicht: «Ich kann nicht entscheiden, was ich tun soll.» Ein guter Grund reicht also für eine Handlung nicht aus. Wenn Sie sich fragen, welches die richtige Handlung sei, haben Sie möglicherweise keine Antwort darauf. Dennoch handeln Sie aber in jedem Moment Ihres Lebens. Solange Sie leben, ist es unmöglich, rein gar nichts zu tun. Und unglücklicherweise kann zu intensives Nachdenken und die daraus entstehende Verwirrung sogar zum Suizid führen.

Lassen Sie mich nun «vollständige Wahrnehmung» einmal definieren. Allerdings: Es handelt sich dabei um etwas, was Sie tun müssen, lesen reicht nicht. Beginnen Sie an einem freien Tag zu üben, wenn Sie nichts besonders Wichtiges zu tun haben und es deshalb egal ist, was Sie tun. Schließen Sie die Augen und versuchen Sie zu verstehen, was Sie wahrnehmen. Wahrscheinlich nehmen Sie viele Dinge einzeln wahr, und das ist der schwierige Teil der Sache. Sie müssen dahin kommen, alles zusammen wahrzunehmen (Abb. 3).

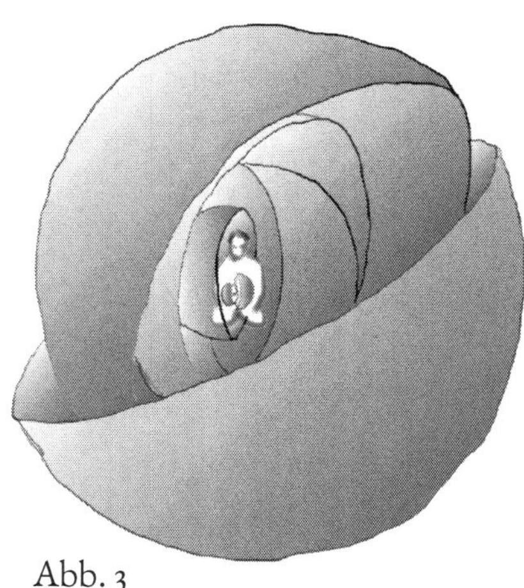

Abb. 3

Hierfür brauchen Sie möglicherweise einen Lehrer, der Ihnen helfen kann. Machen Sie einmal folgende Übung: A steht in natürlicher Haltung und B drückt ganz sanft mit den Fingerspitzen am Brustkorb von A. A wird sich nun entweder nach hinten bewegen (Abb. 4), oder nach vorn, um dem Druck von B Widerstand zu leisten (Abb. 5).

Abb. 4

Abb. 5

In diesem Fall hängt die Handlung von A von dessen Wahrnehmung des Drucks seitens B ab. Nun schließt A die Augen und nimmt alles zugleich wahr. B wartet ein paar Sekunden, bis A sich seiner Wahrnehmung sicher ist. Dann drückt er wiederum mit den Fingerspitzen sanft am Brustkorb von A, wie schon zuvor. A wird sich nun nicht bewegen (Abb. 6). Beachten Sie, dass A sich dem Druck von B nicht widersetzt. Er steht nur in natürlicher Stabilität da. Diese natürliche Stabilität des Körpers entsteht aus der Stabilität seiner Wahrnehmung. Mit anderen Worten, aus der Stabilität des Geistes resultiert ein stabiler Körper. B darf natürlich nicht zu stark drücken. Es geht nicht um Wettbewerb. Wenn er stärker drückt, als es die natürliche Stabilität von A zulässt,

Abb. 6

wird A Widerstand leisten müssen, um sich nicht zu bewegen. Für das Verständnis der Stabilität des Geistes wäre die Übung dann völlig nutzlos.

Wenn Sie alles zusammen wahrnehmen, wird die Wahrnehmung eins und zur allumfassenden Wahrnehmung. Ich nenne dies «vollständige Wahrnehmung». Wenn Sie diese Stufe der Wahrnehmung erreicht haben, fühlen Sie sich sehr entspannt, weil keine inneren Konflikte mehr vorhanden sind.

Wenn Sie dagegen Gedanken oder Gefühle getrennt wahrnehmen, identifizieren Sie sich mit ihnen. So führt der Konflikt zwischen Gedanken und/oder Gefühlen zu einem Konflikt in Ihrem Körper, weil Sie dazu tendieren, sich jedem einzelnen Gedanken oder Gefühl gemäß zu verhalten. Gibt es aber einen Konflikt in Ihrem Körper, dann stehen Sie in Konflikt mit sich selbst. Wenn Sie alles zusammen wahrnehmen, können Sie jedoch den Konflikt zwischen den Gedanken und Gefühlen verstehen, ohne selbst im Konflikt zu sein, weil Sie sich nicht entsprechend jedem einzelnen davon verhalten. Sie müssen überhaupt nicht handeln, weil Sie in der vollständigen Wahrnehmung vermutlich sehr viele Dinge wahrnehmen.

Bleiben Sie in diesen Zustand des Nichts-Tuns. Es ist sehr angenehm, weil Sie vollkommen entspannt sind. Dann werden Sie feststellen, dass Ihr Körper beginnt, etwas zu tun, ohne dass Sie eine Entscheidung getroffen hätten, und dass Ihre vollständige Wahrnehmung erhalten bleibt, obwohl Ihr Körper etwas tut. Dies ist ein meditativer Zustand im täglichen Leben. Sie tun nichts, aber Ihr Körper tut etwas. Sie nehmen nur wahr. Manche Meditationslehrer nennen dies «Zeuge sein», aber «Wahrnehmen» ist etwas anderes. Sie können Zeuge einer gewissen Anzahl von Dingen sein, nicht aber aller Dinge. Mit anderen Worten, «Zeuge sein» ist eine Art des Wiedererkennens und bleibt deshalb unvollständig. Wiedererkennen ist per se unvollkommen. Wahrnehmung jedoch beinhaltet die *Möglichkeit* des Erkennens und ist daher allumfassend. Als «Zeuge» sind Sie nicht im Zustand der vollständigen Wahrnehmung. «Zeuge sein» ist folglich ein unvollständiges Verständnis von Meditation.

Wahrnehmen geschieht immer ohne Denken, Auswahl oder Entscheidung, wohingegen das Wiedererkennen gerade hierauf beruht. Sie erkennen etwas mithilfe von Namen oder Bildern wieder und benennen es: ein Haus, ein Hund, Liebe, Hass, etc. Wenn Sie eine Bewegung wiedererkennen, nehmen Sie Bilder zu Hilfe; besonders Sportlehrer nutzen passende Bilder, um körperliche Bewegungen zu beschreiben und zu unterrichten. Vollständige Wahrnehmung entsteht jedoch ohne Bilder oder Namen. Es ist offensichtlich, dass man nicht aktiv wahrnehmen kann. Dann wäre es ja eine Handlung und nicht Wahrnehmung. Unser ganzes Leben lang nehmen wir wahr, ohne es zu wollen. Manchmal wollen wir etwas Abstoßendes nicht sehen oder hören, und dennoch nehmen wir es unwillkürlich wahr. Alle Lebewesen suchen die Nähe von etwas, was angenehme Gefühle auslöst, und versuchen das, was negative Gefühle auslöst, zu vermeiden. Dass Wahrnehmung nichts mit Gedanken oder Bildern zu tun hat, zeigt gerade folgendes Beispiel: Wenn Sie Musik hören, nehmen Sie den Klang wahr, und jedes Wort, jeder Gedanke und jedes Bild stören diese Wahrnehmung.

Absichtliches Wahrnehmen ist Wiedererkennen, nicht Wahrnehmen. Wahrnehmen ist keine Handlung, es geschieht, wenn Sie frei sind. Sie können kein Leben in kontinuierlicher Wahrnehmung leben, wenn Sie die Absicht haben, dies zu tun. Menschen können auch nicht nur mit Logik leben. Und nur zu wissen, wie wichtig die vollständige Wahrnehmung ist, genügt nicht, um sie zur Grundlage des Lebens zu machen. Der einzige Grund dafür, dass Sie wahrnehmen, ist, dass die vollständige Wahrnehmung glücklich macht. Wenn Sie glücklich sind, müssen Sie nichts tun. Natürlich können Sie etwas tun, aber müssen es nicht. Anders ausgedrückt: Sie sind frei von Handlungen; Sie nehmen auf natürliche Weise wahr. Selbstverständlich handeln Sie auch weiterhin, weil Sie glücklich dabei sind. Wenn Sie einmal verstanden haben, dass die vollständige Wahrnehmung zu einem gewissen Glücksgefühl führt, verweilen Sie von selbst in diesem Zustand. Sie stellen fest, dass vollständige Wahrnehmung ein natürlicher Zustand ist und dass diesen Zustand nicht zu stören im Grunde das Einzige ist, was Sie zu tun haben. So bleiben Sie auf Dauer in diesem glücklichen Zustand. Und da Sie die vollständige Wahrnehmung aufrechterhalten können, auch wenn Sie etwas tun oder sprechen, können Sie ständig glücklich sein, egal, was Sie tun.

Vollständige Wahrnehmung bewegt sich nicht, weil sie den Raum ausfüllt, wohingegen das Wiedererkennen oder die begrenzte Wahrnehmung sich bewegen oder fest im Raum verankert sein kann. Vollständige Wahrnehmung bedeutet auch, dass der Geist sich nicht bewegt. Wenn Sie aber die Dinge lediglich wiedererkennen, haben Sie den Eindruck, dass Ihr Geist sich ständig bewegt, und können nie ganz und gar zur Ruhe kommen.

Vollständige Wahrnehmung bedeutet nicht, dass Sie immer alles wahrnehmen sollen, denn das ist unmöglich. Vollständige Wahrnehmung heißt, dass Ihr Handeln aus der Gesamtheit der Wahrnehmung zu diesem Zeitpunkt entsteht. Diese Gesamtheit ist stetig im Wandel, weil Sie auch die eigenen Handlungen zu jedem Zeitpunkt wahrnehmen. Dadurch wirken Ihre Handlungen manchmal vielleicht etwas chaotisch. Das beschreibt auch die Chaostheorie in der Wissenschaft: Auch wenn mehrere Objekte in einem völlig logischen Verhältnis zueinander stehen, kann bereits das Einwirken von mehr als drei Faktoren eine sehr chaotische Bewegung auslösen. Aber wie ungeordnet Ihre Handlungen auch scheinen mögen, sind Sie innerlich nicht verwirrt, da Ihre Handlung aus der Gesamtheit Ihrer Wahrnehmung entsteht.

5. Der Geist bewegt sich nicht

Wie definiert man «Geist»? Klären wir hierfür zunächst den Unterschied zwischen Definition und Beschreibung. Wenn Sie etwas Nichtmaterielles verstehen wollen, müssen Sie zuerst jedes Wort definieren, mit dem Sie es beschreiben wollen.

Der Geist bewegt den Körper, das ist die Definition von Geist. Wenn jemand lebt, bewegt er sich, und Bewegung lässt auf Leben schließen. Wenn jemand daliegt und sich nicht bewegt, denken Sie, er schlafe. Sie schütteln ihn, und er bewegt sich. Tut er das nicht, dann machen Sie sich Sorgen. Sie prüfen, ob er noch atmet, und wenn er das nicht tut, denken Sie, er könnte tot sein. Sie fühlen den

Puls, und wenn das Herz nicht schlägt, halten Sie ihn für tot. Vielleicht versuchen Sie ihn noch durch Herzmassage und Beatmung zu reanimieren. All dies verweist darauf, dass Leben Bewegung bedeutet. Wenn Sie sich nicht mehr bewegen, sind Sie tot. Beim Sterben hört von einem Moment zum anderen die Bewegung auf. Und was bewegt den Körper? Die Antwort ist: der Geist. «Der Geist bewegt den Körper» ist die Definition von Geist.

Von dieser Definition ausgehend gibt es zwei Möglichkeiten. Die eine ist die wissenschaftliche und philosophische Methode, mit der man versucht herauszufinden, was den Körper anderer Leute bewegt. Hierbei entsteht von selbst die Frage nach einem Leben nach dem Tod. Die andere Methode ist die der Meditation, mit der ich herauszufinden versuche, was meinen eigenen Körper bewegt. In diesem Fall entsteht die Frage nach einem Leben nach dem Tod nicht, weil ich nicht wissen kann, was ich nach meinem Tod wahrnehmen werde. Ich kann zwar verstehen, dass meine Wahrnehmung meinen Körper bewegt, aber dies kann nicht Gegenstand einer wissenschaftlichen Untersuchung sein, da andere meine Wahrnehmung nicht kennen können. Dies ist auch das große Problem, wenn jemand fast vollständig gelähmt ist. Die Familie und die Ärzte wissen, dass diese Person wahrnehmen kann, aber sie können nicht wissen, was oder wie viel. Man kann leicht glauben, dass ein Leben in einem vollständig gelähmten Körper nicht lebenswert sei, aber man kann unmöglich wissen, ob diese Person weiterleben will oder nicht.

Wenn meine Wahrnehmung eins ist, gibt es ein Zentrum meiner Wahrnehmung. Wenn ich allein in einem ruhigen Zimmer mit geschlossenen Augen sitze, bezieht sich der Großteil meiner Wahrnehmung auf meinen Körper. Das Zentrum meiner Wahrnehmung ist dann mit dem Zentrum meines Körpers nahezu identisch (Abb. 7).

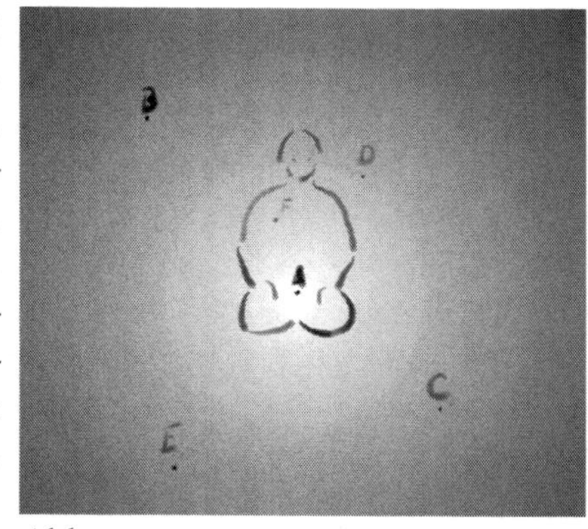
Abb. 7

Im Alltag jedoch sehe ich sehr viele Dinge, und das Zentrum meiner Wahrnehmung wechselt ständig. Nehmen wir einmal an, das Zentrum der Wahrnehmung befindet sich in Punkt A. Im nächsten Augenblick aber ist es in Punkt B (Abb. 8).

Abb. 8

Hat sich das Zentrum hierbei bewegt oder nicht? Materie muss sich bewegen, um von A nach B zu kommen. Da aber der Geist nichts Materielles ist, kann er bei Punkt A verschwinden und bei Punkt B wieder erscheinen und somit den Ort wechseln, ohne sich zu bewegen. Der Geist bewegt sich niemals: Er wechselt ständig den Ort, aber bewegt sich nicht. Wenn Sie das verstehen, dann verstehen Sie auch, was wahre Ruhe und Entspannung ist.

6. Denken und Fühlen

Denken und Fühlen sind Ausdrucksformen unserer Innenwelt mithilfe von Worten. Wir müssen unsere Innenwelt aber nicht andauernd in Worte fassen. Es ist viel besser, andauernd wahrzunehmen. Die Schwierigkeit dabei ist nur, etwas wahrzunehmen, ohne es in Worte zu fassen. Es ist ja so, dass wir Dinge erkennen, indem wir ihnen Namen zuordnen. Dieser Name kann alles mögliche sein. «Etwas» ist bereits ein Name. Wenn Sie sagen: «Ich sehe etwas», haben Sie es schon benannt. Wichtig ist nun, die Wirklichkeit und den Namen, den Sie dafür verwenden, gleichzeitig wahrzunehmen.

Dann verschwindet der Name, weil Namen ohne Kontakt zur Wirklichkeit nicht lange im Gedächtnis bleiben können. Auf diese Weise beginnen Sie, die Wirklichkeit ohne störende Einflüsse durch Gedanken oder Bilder wahrzunehmen.

Das Ziel von Meditationstechniken ist die gleichzeitige Wahrnehmung der gesamten Welt, innerhalb und außerhalb des Körpers (Abb. 9).

Abb. 9

Ich nenne dies vollständige Wahrnehmung. Jede einzelne Handlung basiert auf der vollständigen Wahrnehmung. Versuchen Sie es mit irgendeiner Form der Meditation, oder setzen Sie sich mit geschlossenen Augen hin, oder gehen Sie im Wald spazieren: Sie werden merken, dass die vollständige Wahrnehmung zu Ruhe und Entspannung führt, und Sie erkennen, dass alle Handlungen durch sie bedingt sind. Gedanken und Gefühle sind nur ein kleiner Teil der vollständigen Wahrnehmung, den Sie mit Worten ausdrücken.

7. Wie die Gesellschaft die Trennung erzeugt hat

Die Welt, die Sie wahrnehmen, sind eigentlich zwei, nämlich die Welt innerhalb und die Welt außerhalb Ihres Körpers. Das grundlegende Problem ist, dass die Gesellschaft außen und innen trennt, und zwar deshalb, weil sie auf gegenseitigem Einvernehmen basiert. «Gesellschaft» bedeutet nichts anderes als «eine Gruppe von Menschen, die miteinander lebt», und wenn eine Gruppe miteinander lebt, sollten ihre Handlungen aufeinander abgestimmt werden. Zu diesem Zweck trifft man Vereinbarungen und schafft damit die Grundlage für das Leben in der Gesellschaft. Die Welt außerhalb meines Körpers kann von mir wie auch von Ihnen wahrgenommen werden, und darum können wir in Bezug auf Einzelheiten darin Vereinbarungen treffen. Die Welt in mir dagegen kann nur von mir wahrgenommen werden, nicht aber von Ihnen. Sie können vermuten, was ich möglicherweise wahrnehme, aber darauf ist kein Verlass. Also treffen wir diesbezüglich auch keine Vereinbarungen. Das ist Grund, warum die Gesellschaft die Innen- und die Außenwelt trennt, und wenn sie von der «Welt» spricht, dann meint sie immer die Außenwelt. Analog verwendet sie auch den Begriff der Wahrnehmung nur für die Welt außerhalb des Körpers und ignoriert die Innenwelt.

Das Denken in der Gesellschaft beschränkt sich auf fünf oder auch sechs Sinne. Die fünf Sinne sind das Sehen, Hören, Riechen, Schmecken und Fühlen. Diese fünf Sinne nehmen die Welt außerhalb unseres Körpers wahr. Wenn Sie etwas wahrnehmen, ohne die fünf Sinne zu verwenden, nennen Sie das den sechsten Sinn. Nehmen Sie jedoch die Welt innerhalb und die Welt außerhalb Ihres Körpers zusammen wahr, werden Sie feststellen, dass Sie die verschiedenen Sinnesbereiche nicht unterscheiden oder festlegen können. Sie nehmen wahr, und das ist alles. Sie wissen nicht, welchen Sinn Sie dabei verwenden. Das heißt auch: Wenn Sie die vollständige Wahrnehmung verstanden haben, wird Ihnen klar, dass das Konzept der fünf Sinne, ebenso wie das des sechsten Sinns, nicht besonders nützlich ist. Vollständige Wahrnehmung ist die Summe aller Sinne und beider Welten, der inneren und der äußeren.

Unser Anliegen muss das Leben sein und nicht das Verhalten in der Gesellschaft. Wir können sowohl innen als auch außen wahrnehmen. Der Unterschied zwischen beidem ist, dass man über die Wahrnehmung der Welt außerhalb des Körpers objektiv sprechen kann, wohingegen man die innere Wahrnehmung nicht mit anderen teilen kann. Darum kann die Wissenschaft die innere Wahrnehmung auch nicht erforschen. Da sie jedoch das ganze Bildungswesen dominiert und die innere Wahrnehmung vernachlässigt, trennen die Leute Wahrnehmung und Gefühl. Gefühl ist die Interpretation der inneren Wahrnehmung mithilfe von Worten. Das kann man mit anderen teilen und somit auch wissenschaftlich untersuchen – und man nennt es Psychologie.

Hier geht es jedoch um unser eigenes Leben und nicht um wissenschaftliche Studien, und wir müssen lediglich wissen, dass wir sowohl innerhalb als auch außerhalb unseres Körpers wahrnehmen. Das Wichtige dabei ist das Beides-Zusammen. Dies ist auch das Schwierige daran, denn wir haben gelernt, Dinge einzeln wahrzunehmen, damit wir uns als Mitglieder der Gesellschaft, zu der wir gehören, korrekt verhalten. Babys trennen innen und außen nicht und kennen folglich kein soziales Verhalten. Während man heranwächst, muss man aber lernen, sich richtig zu verhalten. Man lernt, sich gemäß der Wahrnehmung des Äußeren zu verhalten, und vernachlässigt oder unterdrückt dabei immer mehr die innere Wahrnehmung. Wenn wir diese innere Wahrnehmung anderen mitteilen wollen, übersetzen wir sie in ein Gefühl oder einen Gedanken. Auf diese Art müssen wir die Welt innerhalb unseres Körpers nicht allzu sehr vernachlässigen. Die Gewohnheit, Innen und Außen zu trennen, bleibt aber bestehen.

8. Meditation im täglichen Leben

Wenn Sie bemerken, dass Ihr Körper handelt, ohne dass Sie dies entschieden haben, und wenn Ihre vollständige Wahrnehmung durch Ihr Handeln nicht gestört wird, haben Sie einen ersten Schritt zur Meditation im täglichen Leben getan. Hier gilt es, drei Dinge zu vermeiden:

1. Sie können die vollständige Wahrnehmung verlieren, wenn Sie zurückfallen in die alte Gewohnheit, zu entscheiden, was zu tun sei. Das passiert leicht, wenn andere Sie zu einer Entscheidung drängen. Sie überlegen, was Sie antworten sollen, und versuchen zu einer Entscheidung zu kommen. Wenn Sie sich erst einmal entschieden haben, müssen Sie sich aber entsprechend verhalten, und schon bewegen Sie sich wieder im alten Muster. Es gibt nur einen Weg aus diesem Widerspruch heraus: Sie müssen sagen, was Sie tun werden, und nicht tun, was Sie gesagt haben. Sie sind in der Lage zu wissen, was Sie in der Zukunft tun werden, wenn Sie sich selbst kennen. Wenn Sie innerhalb und außerhalb Ihrer selbst jederzeit vollständig wahrnehmen, können Sie vorhersagen, was Sie unter bestimmten Bedingungen tun werden, und können auf derlei Fragen antworten. Wenn Sie dann feststellen, dass Sie sich doch anders verhalten, dann sagen Sie einfach, dass Sie es sich anders überlegt haben. Tun Sie das zu oft, bekommen Sie natürlich Probleme mit anderen. Darum sollten Sie, um sich selbst gut zu kennen, Ihre vollständige Wahrnehmung intakt halten. Wenn Sie sich selbst einigermaßen kennen, werden Sie ohne allzu viele Fehler sagen können, was Sie jeweils tun werden.

2. Sie können die vollständige Wahrnehmung verlieren, wenn Sie einen seelischen Schmerz spüren. Sie wollen dies vermeiden und trennen darum die Wahrnehmung ab, um sich ein bisschen besser zu fühlen. Das kann man recht häufig beobachten. Aber es sollte Ihnen klar sein, dass die vollständige Wahrnehmung einen harmonischen, starken und gesunden Körper entstehen lässt. Durch dieses Wohlbefinden sind Sie in der Lage, mit Ihrem Schmerz zu leben, und Sie werden erfahren, dass es am Ende besser ist, mit dem Schmerz zu leben, als zu versuchen, vor ihm davonzulaufen.

3. Sie können die vollständige Wahrnehmung verlieren, wenn Sie eine wirklich wichtige Entscheidung zu treffen haben. Das ist der komplizierteste Teil des Lebens. Denken Sie zunächst sehr intensiv darüber nach, was Sie in Ihrem Leben wirklich wollen. Sie mögen im Lauf der Jahre vieles tun wollen. Aber was ist, wenn Sie achtzig sind? Jeder stirbt irgendwann. Was war dann der Sinn der vielen Dinge, die Sie tun wollten? Sie werden erkennen, dass alles,

was Sie tun wollten, nur dazu dienen sollte, dass Sie sich wohlfühlen. Tatsache ist aber, dass die eigentliche Grundlage jeglichen Wohlfühlens die vollständige Wahrnehmung ist, und so werden Sie erkennen, dass es wichtiger ist, diese vollständige Wahrnehmung aufrechtzuerhalten, als eine wichtige Entscheidung zu treffen. Bis zu dieser Erkenntnis braucht es möglicherweise sehr viel Zeit zum Nachdenken.

Wenn Sie verstehen, dass das Handeln auf der vollständigen Wahrnehmung basiert, verstehen Sie auch, dass das Entscheiden nur eine Illusion ist. Entscheiden heißt: Man sucht sich einen Gedanken aus und handelt dementsprechend. Man geht also davon aus, aufgrund des Denkens zu handeln. Wenn Sie aber verstehen, dass die Basis des Handelns die Wahrnehmung ist, sehen Sie auch, wie nutzlos Entscheidungen sind. Ohne Entscheidungen handeln Sie zu jeder Zeit, und Ihre Handlungen sind stark, ruhig und entspannt.

Zu verstehen, dass das Handeln von der vollständigen Wahrnehmung abhängt, ist insbesondere das Ziel von Meditationstechniken. Es bedeutet, ohne Entscheidungen zu handeln. Ohne Entscheidungen zu handeln, heißt nicht, nach Gefühl zu handeln. Sie mögen nach Gefühl entscheiden, handeln aber dennoch aufgrund einer Entscheidung. Auch intuitives Handeln ist kein Handeln ohne Entscheidung, denn Sie entscheiden noch immer aufgrund der Intuition. Man kann dies sehr leicht missverstehen. Das Schwierige beim Handeln im Zustand der vollständigen Wahrnehmung ist, dass Sie nicht wissen, was Sie im nächsten Augenblick tun werden. Aber Vorsicht – die Zukunft nicht zu kennen heißt nicht, dass man nicht über sie nachdenkt. Sie können und sollten über die Zukunft nachdenken, aber Ihr Handeln sollte frei von diesen Gedanken über die Zukunft sein. Das Denken ist wichtig, damit wir verstehen, und nicht, damit wir Entscheidungen treffen. Wenn Sie Ihr Leben verstehen, wird auch dieses Verständnis zu einem Teil der vollständigen Wahrnehmung und beeinflusst auf natürliche Weise Ihr Handeln.

Aber noch immer wissen Sie nicht, was Sie in der Zukunft tun werden, weil Ihr Handeln nicht mehr auf Entscheidungen basiert.

Vielleicht macht Ihnen das Angst, Sie könnten Fehler machen. Aber denken Sie an die Fehler, die Sie in der Vergangenheit gemacht haben. Die meisten Fehler haben Sie gemacht, weil Sie etwas nicht wussten oder nicht darüber nachgedacht haben. Wenn Sie aber verstehen, dass das Handeln nicht von Gedanken abhängt, werden die Gedanken frei. Es ist besser, einen freien Geist zu haben, als sich immer Sorgen um mögliche Fehler zu machen. Ein freier Geist findet viele neue Gedanken, und Sie werden weniger Fehler machen, als wenn Sie versuchen darüber nachzudenken, was Sie tun sollten oder wie Sie es tun sollten. Wenn Sie in vollständiger Wahrnehmung handeln, machen Sie weniger Fehler, als wenn Sie aufgrund von Entscheidungen handeln. Fehler definieren sich ja als die Differenz zwischen dem Denken über die Zukunft und der Wirklichkeit. Wenn Sie in der vollkommenen Wahrnehmung leben, gibt es keine Fehler mehr.

9. Leben ohne Entscheidungen

Wenn Sie verstehen, dass Sie leben können, ohne Entscheidungen zu treffen, spüren Sie Entspannung und Freiheit. Sie sind entspannt, weil es keine Konflikte zwischen Handlungen gibt. Sie sind frei von Entscheidungen, weil Sie nichts mehr entscheiden müssen. Diesen Zustand nennt man für gewöhnlich Erleuchtung. Ohne Entscheidungen zu leben bedeutet aber nicht, keine Fragen über die Zukunft zu beantworten. Wenn jemand eine Frage stellt, müssen Sie antworten. Aber das bedeutet nicht, dass Sie Ihren Worten auch folgen müssen. Die Gesellschaft erwartet zwar, dass Sie gemäß Ihren Worten handeln, weil sie Sie dann besser kontrollieren kann. In allen Gesellschaften gibt es ja darum die Regel «Tu, was du sagst.» Aber es ist besser, dem Prinzip «Sag, was du tust» zu folgen. Anfangs werden Sie handeln, ohne zu wissen, was Sie im nächsten Augenblick tun werden, aber nach einiger Zeit werden Sie beginnen, sich selbst zu verstehen und Ihre Handlungen jeweils vorhersagen können. Das werden zwar Vermutungen sein, aber dennoch recht genaue, weil Sie sich ja 24 Stunden am Tag beobachten. Sollten Sie dann feststellen, dass die Vermutung falsch war, sagen

Sie nur: «Entschuldigung, ich habe es mir anders überlegt.» Jedenfalls, je besser Sie sich selbst verstehen, desto akkurater werden Ihre Vermutungen bezüglich dessen, was Sie in bestimmten Situationen tun werden. So können Sie «sagen, was Sie tun», ohne allzu viele Fehler zu machen, und harmonisch inmitten der Gesellschaft leben.

Wenn Sie dagegen entscheiden wollen, was Sie tun sollen, werden Sie sich niemals selbst verstehen, weil Sie immer durch Gedanken, die aus der äußeren Welt kommen, beeinflusst werden. Sie verirren sich in der dauernden Informationsflut der Gesellschaft und können sich selbst nicht finden.

2
Grundlegende Konzepte des Lebens

1. Keine Trennung der Sinne

Fünf Sinne dienen der Wahrnehmung: Sehen, Hören, Riechen, Schmecken und Tasten. Dies ist das gesellschaftlich akzeptierte Konzept. Leider jedoch nehmen diese fünf Sinne nur die Welt außerhalb des Körpers wahr und nicht die in seinem Inneren. Welche Sinne verwenden Sie aber, um im Inneren des Körpers etwas wahrzunehmen? Mit welchem Sinn nehmen Sie beispielsweise Glücklichsein, Unglücklichsein, Elend, Liebe oder Hass etc. wahr? Das ist sehr schwer zu sagen, und deshalb konzentriert sich die Forschung der Wissenschaftler auf die Wahrnehmung der Außenwelt und nicht auf die der Innenwelt. Natürlich ist es notwendig, die Außenwelt wahrzunehmen, um ein normales Leben in der Gesellschaft führen zu können, und wenn Sie nur außerhalb Ihres Körpers etwas wahrnehmen wollen, dann sind die fünf Sinne ein gutes Konzept. Im Leben aber ist das, was im Inneren des Körpers geschieht, ebenfalls sehr wichtig, und Sie sollten dessen Wahrnehmung nicht vernachlässigen.

Der einzige Weg, sowohl das Leben in der Gesellschaft als auch das innere Leben harmonisch zu führen, ist der, das Innere und das Äußere stets gemeinsam als Ganzes wahrzunehmen. Auch wenn Sie vielleicht nicht genau wissen, welche Sinne Sie aktuell ver7wenden, können Sie sowohl innerhalb als auch außerhalb Ihres Körpers wahrnehmen. Das ist der wichtigste Teil des Lebens. Dann erkennen Sie auch, dass sich die ganze Bedeutung der Wahrnehmung ändert. Zuvor hatten Sie die Dinge einzeln wahrgenommen, und solange Sie getrennt wahrnehmen, entstehen durch die Wahrnehmung verschiedener Aspekte des Lebens Konflikte. Wenn Sie aber alles zusammen wahrnehmen, gibt es keine Konflikte in der Wahrnehmung mehr. Das ist vollständige Wahrnehmung (Abb. 10).

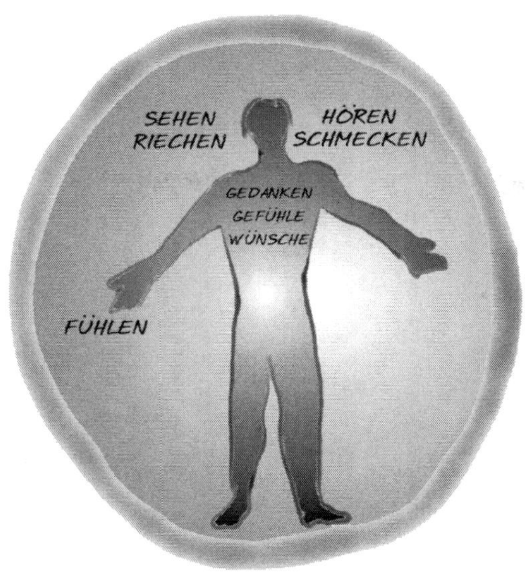

Abb. 10: Vollständige Wahrnehmung der Welt

2. Warum nehmen Sie wahr?

Wenn Sie absichtlich etwas wahrnehmen, nehmen Sie nicht wirklich wahr, sondern erkennen Dinge wieder. Vollständige Wahrnehmung wird möglich, wenn Sie nichts tun. Sie tun nichts, wenn Sie glücklich sind, aber «nichts tun» heißt nicht «faul sein» oder «nicht arbeiten». Wenn Sie faul sind und nicht arbeiten, tun Sie trotzdem noch etwas, Sie machen sich vielleicht Vorwürfe oder bemerken ein mentales Unwohlsein. Der einzige Grund dafür, dass Sie wahrnehmen, ist der, dass es glücklich macht. Dies zu verstehen, ist das Hauptziel der meisten Meditationstechniken. Sie bleiben ruhig, ohne irgendetwas zu tun, und nehmen einfach nur wahr, denn wenn Sie nichts tun, ist Wahrnehmen das Einzige, was Sie tun. In diesem Zustand empfinden Sie tiefe Ruhe und ein Glücksgefühl, das tief aus dem Inneren Ihrer selbst kommt. Sie erkennen dann, dass die vollständige Wahrnehmung ein natürlicher Zustand ist und Sie ihn nur nicht stören dürfen.

Sie erkennen dann auch, dass Sie diesen ruhigen und angenehmen Zustand aufrechterhalten können, auch wenn Sie etwas tun. Das ist Meditation im täglichen Leben. Auch die Bedeutung des Handelns ändert sich vollständig. Sie verliert das Interesse daran, etwas zu tun, weil Sie sich auch dann wohlfühlen, wenn Sie nichts tun. Bewahren Sie einfach nur das Glücksgefühl, auch wenn Sie etwas tun. Da Sie aber nichts Besonderes tun müssen, sind auch die Entscheidungen nicht so wichtig. Auch was Sie tun, ist nicht so wichtig. Wichtig ist, das Glücksgefühl zu erhalten. Deshalb haben auch alle Handlungen Ihren Ursprung in der Wahrnehmung.

3. Was ist vollständige Wahrnehmung?

Die vollständige Wahrnehmung bewegt sich nicht, weil sie den gesamten Raum rund um den Mittelpunkt der Wahrnehmung ausfüllt. Hingegen kann sich das Erkennen von etwas bewegen oder im Raum fixiert sein. Wenn Sie verstehen, was vollständige Wahrnehmung ist, verstehen Sie, dass der Geist sich nicht bewegt. Wenn Sie nur Dinge erkennen, haben Sie den Eindruck, dass der Geist sich stets von einem Ding zum Nächsten bewege, und Sie kommen nie zur Ruhe.

Versuchen sie einmal Folgendes: A setzt sich hin und nimmt den gesamten Raum vollständig wahr, also alles, innerhalb und außerhalb des Körpers. Wenn B nun sanft am Körper von A drückt, bewegt sich A nicht. Dann drückt B in gleicher Weise, aber in schneller Abfolge, an verschiedenen Stellen des Körpers von A (Brust, Rücken, Schulter, Knie etc). Wahrscheinlich wird A sich anspannen, um dem Druck entgegenzuwirken, dabei seine Stabilität verlieren und schließlich umkippen, weil er seine vollständige Wahrnehmung ver-

Abb. 11

liert und sein Geist von einem Punkt, an dem B drückt, zum nächsten springt (Abb. 11).

Als Nächstes schließt A die Augen und konzentriert seinen Geist auf die Vorstellung, dass seine Wahrnehmung sich von seinem Mittelpunkt heraus ausdehnt beziehungsweise sich darin zusammenzieht. Auch wenn B nun versucht, A zu stören, indem er an verschiedenen Stellen drückt, bleibt A ruhig und stabil. Die Wahrnehmung, die A vom gesamten Raum hat, wird nicht gestört (Abb. 12).

Abb. 12

4. Was bedeutet «konzipieren»?

Das englische «to conceive» bildet mit «to perceive» ein hübsches Paar, wie im Lateinischen, aus dem die Worte stammen: concipere und percipere. «Konzipieren» bedeutet zum einen ein Kind empfangen, zum anderen einen Plan haben oder sich ausdenken, ein Konzept erschaffen, während «perzipieren» etwas «wahrnehmen» bedeutet. «Perzipieren» ist in der deutschen Umgangssprache allerdings kaum in Gebrauch, weshalb wir hier stets von «wahrnehmen» sprechen. Auch «konzipieren» im Sinn von «ein Kind empfangen» ist im Deutschen weniger gebräuchlich, wohl aber die «Konzeption»: das Ausarbeiten eines Plans bzw. Konzepts oder eben der Zeitpunkt der Empfängnis einer Frau. Für unsere Ausführungen ist diese Doppelbedeutung insofern wichtig, als wir uns bewusst sein sollten, dass beide Bedeutungen auf etwas Schöpferisches verweisen. Sie konzipieren entweder ein Baby oder Konzepte.

Der zentrale Punkt ist: Das Denken ist sowohl Ergebnis als auch Ausdrucksform von Konzepten. Man muss Konzepte aber nicht unbedingt in Worten ausdrücken. Da alle Handlungen auf Konzepten basieren, drücken Sie Konzepte meist durch Handlungen aus. Andere Ausdrucksformen sind zum Beispiel Musik, Tanz, Theater, Malerei oder Fotografie. Das Denken ist nur eine Möglichkeit, wenn auch eine, die man im Alltag sehr häufig nutzt. In der Schule lernen wir, logisch zu denken, das heißt, einer logischen Abfolge des Denkens zu folgen. Das mag notwendig sein, wenn man andere von etwas überzeugen will oder um die Naturwissenschaften zu verstehen. Das Wichtigste am Denken ist aber nicht, andere zu überzeugen, sondern seine Konzepte in Worte zu fassen. Um das Denken zu entwickeln, müssen Sie konzipieren, nicht denken. Genau wie beim Computer, bei dem die Arbeit bereits beendet ist, wenn der Text auf dem Bildschirm erscheint, hat auch Ihr Gehirn seine Tätigkeit bereits beendet, wenn Sie einen Gedanken haben, und es ist eine Illusion, zu glauben, man müsse versuchen zu denken, um einen Gedanken zu erschaffen. Alles, was Sie mit Gedanken tun können, ist, sie wahrzunehmen. Während Sie wahrnehmen, konzipiert Ihr Gehirn. Solange Ihr Gehirn keine Gedanken enthält, konzipiert es und drückt diese Konzepte aus. Dann erscheint ein neuer Gedanke. So verwenden Sie Ihr Gehirn auf angemessene Weise.

Wozu aber drückt man Gedanken überhaupt aus? Konzipieren heißt, seinen Wahrnehmungen ein neues System oder eine neue Ordnung zu geben. Wenn ein neuer Gedanke erscheint, wird er zu einem Teil der neuen Wahrnehmung, das Gehirn bildet ein neues Konzept, und es entsteht ein neuer Gedanke. Auf diese Art und Weise arbeitet das Gehirn mit Konzepten, bildet neue Konzepte und findet neue Ausdrucksformen dafür – das Denken. Darum müssen wir unsere Konzepte auch ausdrücken können. Je besser Sie dies können, desto besser stehen die Chancen, neue Konzepte zu entwickeln.

Manche Informationen oder Gedanken verursachen Schmerzen. Das macht es Ihnen schwer, sie wahrzunehmen. Dennoch müssen Sie sie wahrnehmen, weil das Gehirn etwas nur vergessen kann, wenn es eine Ordnung hat. Ohne Ordnung kommen störende Gedanken immer wieder und belästigen Sie fortwährend. Darum ist es notwendig, auch unangenehme und schmerzhafte Dinge wahrzunehmen. Dann kann das Gehirn damit arbeiten, eine neue Ordnung schaffen, und der Schmerz verschwindet. Das Gehirn arbeitet dabei sehr hart und es entstehen neue Konzepte, die Sie ausdrücken können, und so können Sie ein Leben führen, bei dem Sie durch Schwierigkeiten oder Schmerzen weiser und stärker werden.

5. Der Konflikt zwischen Denken und Fühlen

Unbewusst glauben Sie vielleicht, Handlungen würden vom Denken und vom Gefühl gelenkt, und daher glauben Sie auch, der Geist bestünde aus Denken und Fühlen. Das jedoch führt zu dem Konflikt zwischen beiden. Sowohl in Europa als auch in Japan leiden die Leute schon lange unter diesem Konflikt. Sie sollten diesen Zusammenhang genauestens untersuchen, wenn Sie die Welt und sich selbst verstehen wollen.

Bloßes Fühlen ist kein Denken, und deshalb spüren Sie zu Beginn eines Konflikts zwischen Denken und Fühlen nur, dass irgendetwas nicht stimmt. Ein Gefühl interpretieren Sie sofort mit Worten und beginnen es zu analysieren. Normalerweise finden Sie auch den «Grund» für Ihr Unwohlsein, und dieser «Grund» ist die Ursache des Konflikts zwischen dem logischen Denken und dem Denken, welches das Fühlen repräsentiert. Nun beginnen Sie den Kampf zwischen den beiden, und das ist der Konflikt, von dem ich spreche.

Manchmal siegt einer der beiden Gedanken und Sie folgen diesem Sieger. Sie haben den Krieg gewonnen. Wenn Sie aber dazu neigen, in Ihrem Körper einen Krieg anzuzetteln und dann dem Sieger zu folgen, dann werden Sie auch außerhalb Ihres Körpers so verfahren.

Manchmal gewinnt keiner der beiden Gedanken und Sie setzen den Krieg in Form einer geistigen Debatte im Kopf fort, was wiederum zu einem Konflikt zweier Gedanken und infolge davon zu einem neuen schlechten Gefühl in Ihrem Körper führt. So beginnt auch Ihr Körper unter diesem Durcheinander zu leiden, und es entsteht noch weiteres Durcheinander, weil Ihr Körper unter dem ursprünglichen Gefühl, dass etwas nicht stimmt, wie nun auch unter dem Gefühl des Konflikts zweier konkurrierender Gedanken leidet. Das ist so, wie wenn zwei kleine Staaten einen Krieg beginnen und sich große Staaten einmischen, worunter die Leute dann noch mehr leiden.

Wenn Sie diese törichte Situation einmal durchschaut haben, stellt sich die Frage: Was tun? Zunächst sollten Sie bei Ihrem ursprünglichen Gefühl, dass etwas nicht stimmt, bleiben und es nicht mit Worten interpretieren. So beginnen Sie in Ihrem Körper keinen Krieg. Bei dem Gefühl, dass etwas nicht stimmt, zu bleiben, erfordert allerdings Übung. Da es Ihr Körper ist, der fühlt, gilt es, ihn kontinuierlich wahrzunehmen. Sie müssen handeln, um zu leben. Darum müssen Sie alles wahrnehmen, um auch Ihren Körper kontinuierlich wahrzunehmen.

Das ist Meditation, und Sie sollten sie so oft wie möglich praktizieren. Die einfachste Methode zu praktizieren ist die, gar nichts auszudrücken. Das erfordert eine stetige Kontrolle über den Körper und ermöglicht es, vollständig wahrzunehmen. Sie können das üben, indem Sie über einen längeren Zeitraum hinweg nichts sagen. Schweigen als Übungsform gibt es in fast jeder Religion, aber Sie müssen dafür nicht in eine Kirche, in einen Tempel oder zu einem Meditationsseminar gehen. Sie können es einfach im täglichen Leben praktizieren. Am besten üben Sie es, wenn Sie aufhören zu reden, sobald Sie merken, dass Sie streiten. Es ist nicht leicht, einfach aufzuhören zu streiten, aber es ist die beste Übung. Immer das letzte Wort haben wollen ist eine sehr schlechte Angewohnheit. Sie sollten in der Lage sein, einfach zu schweigen und die anderen sagen zu lassen, was immer sie wollen. So können Sie im täglichen Leben alles wahrnehmen.

Sie sollten 24 Stunden am Tag üben, weil Sie ansonsten nur Zeuge sind und nicht wirklich wahrnehmen. Der Hauptunterschied zwischen wahrnehmen und anderen Bezeichnungen wie «Zeuge sein» oder «einer Sache gewahr sein» etc. ist, dass «wahrnehmen» einen anhaltenden Zustand beschreibt und die anderen nicht. Sie können alles zu jeder Zeit wahrnehmen, aber es ist unmöglich, stets aller Dinge «Zeuge» oder «gewahr» zu sein. Deshalb beschreiben Bezeichnungen wie diese die Meditation nicht richtig. Meditation sollte grundsätzlich 24 Stunden am Tag andauern.

Während Sie üben, werden Sie möglicherweise etwas wortkarg, aber darüber brauchen Sie sich keine Sorgen zu machen, denn wenn Sie erst einmal verstanden haben, was Wahrnehmung ist, werden Sie freier, was wiederum bedeutet, dass Sie die vollständige Wahrnehmung aufrechterhalten und trotzdem viele Dinge ausdrücken können. Und während Ihr Vertrauen in Ihre kontinuierliche Wahrnehmung wächst, werden Sie frei, sich auszudrücken. Dann verstehen Sie auch Ihre wahre Persönlichkeit.

6. Leben

Mein Vorschlag ist, «Denken und Fühlen» durch «Wahrnehmen und Konzipieren» zu ersetzen. Wahrnehmen statt Denken, und Konzipieren statt Fühlen. Beides geschieht ohne Worte. Man sollte sich vor Augen halten, dass Worte außerhalb des Gehirns nicht existieren. Sie hören keine Worte, sondern Töne, die Ihr Gehirn als Worte interpretiert. In Büchern sehen Sie auch nur bestimmte Formen, die Ihr Gehirn als Worte interpretiert. Worte sind lediglich die Interpretation von Dingen, die Sie erkennen. Die reale Welt ist ohne Worte, und darum findet auch Wahrnehmung ohne Worte statt.

Sie lernen, sich mit Worten auszudrücken, genauso wie Sie lernen, sich mit Musik oder Tanz auszudrücken. Ihr Gehirn jedoch erschafft ein Konzept ohne Worte. Wenn Sie also wahrnehmen, erschafft Ihr Gehirn ganz automatisch Konzepte. Sie müssen ihm hierfür keine Weisung erteilen. Es geschieht automatisch. Genau so, wie wenn Sie Daten in Ihren Computer eingeben und dieser automatisch zu arbeiten anfängt, beginnt das Gehirn automatisch zu konzipieren, sobald Sie wahrnehmen. Die Qualität eines Konzepts hängt allerdings von der Qualität der Wahrnehmung ab, weshalb vollständige Wahrnehmung stets die beste Grundlage ist. Dann gibt es zwischen den einzelnen Konzepten keine Konflikte, und auch Ihr Leben wird ohne Konflikte sein. Es ist aber wichtig, zu verstehen, dass Konzepte ohne Worte erschaffen werden. Wenn Sie keine Worte in Ihrem Gehirn haben, arbeitet Ihr Gehirn sehr intensiv. Dies nenne ich «ohne Denken sein». Das Ergebnis kann man dann allerdings mit Worten ausdrücken, so wie es Schriftsteller und Dichter tun.

Da Denken und Fühlen Ausdrucksformen sind, sind sie Teil Ihrer inneren Wahrnehmung. Da die Welt außerhalb Ihres Körpers ebenfalls existiert, umfasst Ihre vollständige Wahrnehmung beide Welten. Folglich enthält Ihre Wahrnehmung nicht nur die innere Welt und die äußere Welt, sondern auch Ihre Handlungen und Ihre Gedanken und Gefühle. Alles, was Sie erkennen, entstammt Konzepten, die Sie unbewusst verwenden, während Sie wahrnehmen. So entsteht durch neue Konzepte eine neue Wahrnehmung der Welt und die neue Wahrnehmung ihrerseits bringt ein neues Konzept hervor. Das ist eine natürliche Entwicklung des Lebens. Das Leben kann man folgendermaßen skizzieren:

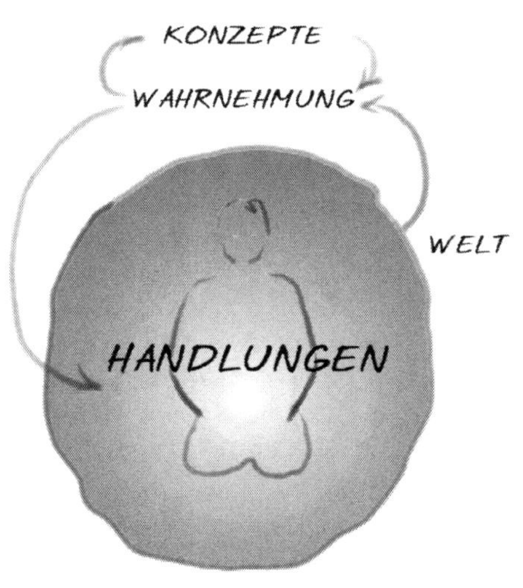

Abb. 13

3
Wahrnehmung

1. Der Unterschied zwischen Körperwahrnehmung und Fühlen

Für gewöhnlich verwendet man zwei Worte, um die Welt innerhalb des Körpers zu beschreiben: Denken (der Bereich der Worte) und Fühlen (der Bereich des Wortlosen). Gedanken sind Worte in unserem Körper, die man aussprechen oder aufschreiben kann, Gefühle dagegen sind keine Worte, aber man kann sie erkennen und schließlich mit Worten umschreiben. Die Psychologie lehrt uns, dass Sie Ihre geistige Gesundheit aufrechterhalten können, indem Sie Ihre Gefühle zum Ausdruck bringen. Wenn Sie anderen helfen wollen, mag dies ein geeigneter Ansatz sein. Andererseits machen Sie sich von der Hilfe anderer abhängig, wenn Sie ihnen Ihre Gefühle mitteilen.

Wenn Sie Ihr eigenes Leben leben möchten, sollten Sie darum Ihre Gefühle besser nicht ausdrücken. Was den Umgang mit Ihren eigenen Gefühlen angeht, so drücken Sie sie in Worten aus, allein weil Sie daran gewöhnt sind, sie in Worten auszudrücken. Das real Vorhandene und seine Beschreibung sind jedoch unweigerlich verschieden. Also werden Sie, wenn Sie Ihre Gefühle als Worte formulieren, etwas in sich verzerren und so noch mehr Verwirrung in Ihrem Körper erzeugen. Behalten Sie die grundlegende Erkenntnis in Erinnerung, dass das, was man Gefühl nennt, eine in Worte gefasste Körperwahrnehmung ist. Indem Sie sie ausdrücken, verzerren Sie sie, weil Sie sie mit einer in der Erinnerung gespeicherten Erfahrung assoziieren. Es ist notwendig, sich mit Worten auszudrücken, wenn Sie mit anderen kommunizieren wollen, aber nicht, wenn Sie sich mit sich selbst befassen.

Warum richten Sie Ihre Wahrnehmung nicht nach innen, ohne zu benennen oder in Worte zu fassen? Wenn Sie das, was Sie in Ihrem Inneren wahrnehmen, nicht benennen, bleibt Ihr Körper eins und funktioniert so, wie er es sollte. Sobald Sie es aber mit Worten benennen, isolieren Sie einen Teil der Körperwahrnehmung und stören so das reibungslose Funktionieren des Körpers. Mit anderen Worten: Das Konzept der Gefühle ist sinnvoll, um andere zu verstehen und ihnen möglicherweise zu helfen, aber es ist nutzlos und sogar schädlich, wenn Sie es auf sich selbst anwenden. Außerdem werden Sie feststellen, dass das, was Sie in sich selbst wahrnehmen, sehr reichhaltig ist, so wie Musik oder Malerei, viel reichhaltiger als Gefühle, die ja nur Worte sind. Das ist normal, da Gefühle nur verbale Ausdrucksformen der Körperwahrnehmung sind. Es ist aber leider auch so, dass viele Menschen den Reichtum der Musik oder Malerei gar nicht verstehen und sich nur an das halten, was andere darüber sagen. Lernen Sie darum, Ihrem Körper zuzuhören, genau wie Sie der Musik zuhören oder Kunstwerke betrachten, ohne mit Worten zu interpretieren.

Natürlich sollte man die Gefühle anderer respektieren. Wenn Sie es versuchen, mögen Sie durchaus Erfolg haben bei Leuten, die daran gewöhnt sind, auf die gleiche Weise zu fühlen wie Sie, könnten bei Ausländern, die in ganz anderen Gefühlswelten leben, aber völlig falsch liegen. Schließlich sind Sie ja ganz auf Vermutungen angewiesen, was die Gefühle anderer angeht. Darum ist es eine gute Idee, in andere Länder zu reisen, und noch besser, dort zu leben. Dann kommen Sie nicht umhin zu verstehen, dass jede Kultur ihre eigene Art und Weise hat zu fühlen, und die Sie komplett missverstehen können.

Es gibt noch eine andere Möglichkeit, mit den Gefühlen anderer umzugehen. Der Mensch kann viel mehr wahrnehmen als das, was man erkennen und in Worte fassen kann. Wenn Sie von Worten Abstand nehmen, wenn Sie also Abstand nehmen davon, die Gefühle anderer verstehen zu wollen, und einfach nur alles wahrnehmen, basieren Ihre Handlungen auf der vollständigen Wahrnehmung, und Sie sind auf natürliche Weise in Harmonie mit den anderen. Ihre vollständige Wahrnehmung schließt die anderen um Sie herum mit ein und Sie nehmen sie ganz selbstverständlich wahr. Wenn Sie Ihr Handeln auf diese vollständige Wahrnehmung gründen, wird es ganz natürlich die Gefühle der anderen respektieren. Es ist gleichwohl nicht immer angemessen, die Gefühle anderer zu respektieren, wenn diese in Disharmonie leben. Nur, ob man es sollte oder nicht, kann man unmöglich durch Nachdenken herausfinden. Beruht Ihr Handeln jedoch auf der vollständigen Wahrnehmung, geschieht es auf ganz natürliche Weise, dass Sie die Gefühle der anderen nur dann respektieren, wenn Sie sie respektieren sollten.

2. Der Unterschied zwischen Wahrnehmen und Erkennen

Wahrnehmung findet immer ohne Gedanken, Auswahl oder Entscheidung statt, wohingegen das (Wieder-)Erkennen all das benötigt. Sie erkennen Dinge mithilfe von Namen oder Bildern wieder. Wenn Sie etwas erkennen, benennen Sie es: Haus, Hund, Liebe, Hass etc. Bewegung dagegen erkennen Sie mithilfe von Bildern, weshalb geeignete Bilder beim Erlernen körperlicher Bewegungen hilfreich sind.

Wahrnehmung geschieht, wenn Sie ohne Namen oder Bilder sind. Es ist offensichtlich, dass Sie nicht aktiv wahrnehmen können. Wenn Sie es könnten, wäre es eine Handlung und keine Wahrnehmung. Solange wir leben, nehmen wir wahr, ohne es zu wollen. Manchmal wollen wir hässliche Dinge oder Geräusche nicht wahrnehmen, aber wir können es nicht verhindern. Um dies zu kompensieren, suchen alle Lebewesen nach Dingen, die angenehme Gefühle verursachen, und versuchen die Dinge, die unangenehme Gefühle auslösen, zu meiden.

Wenn Sie Musik hören, nehmen Sie den Klang wahr, und jedes Wort, jedes Bild und jeder Gedanke stört diese Wahrnehmung. Wahrnehmung ist per se immer vollständig, Erkennen immer nur teilweise. Wenn Sie etwas erkennen statt wahrzunehmen, verliert auch Ihr Körper seine Stabilität. Darum können Sie körperlich überprüfen, ob Sie wahrnehmen oder nicht. Um die Beziehung zwischen Wahrnehmen und Erkennen zu verstehen, kann man sie mit der Beziehung zwischen Raum und Objekt vergleichen. Für gewöhnlich schauen wir auf ein Objekt, weil wir es als Objekt erkennen. Den Raum hingegen, den das Objekt einnimmt, können wir nur konzipieren. Die Wahrnehmung wird insofern von Konzepten geleitet.

Wahrnehmung schließt die Möglichkeit des Erkennens ein. Es ist wichtig, den Zustand zu erkennen, in dem der Körper sich bei vollständiger Wahrnehmung befindet. Der Körper ist das Ergebnis von Wahrnehmung und Erkennen. Die Konzepte im Gehirn bestimmen, was Sie mithilfe der Wahrnehmung erkennen. Ihrerseits entstehen die Konzepte im Gehirn durch die Wahrnehmung der Bewegung der Innen- wie auch der Außenwelt. Auf diese Weise stehen das Leben und die Welt in stetigem Austausch miteinander.

3. Das Zentrum der Wahrnehmung

Wo befindet sich das Zentrum Ihrer Wahrnehmung? Wenn Sie allein sind und die Augen schließen, wird es naturgemäß in der Mitte Ihres Körpers sein, also irgendwo im Unterbauch. Im Kontakt mit jemandem oder etwas wird die andere Person oder dieses Ding das Zentrum sein. Das Zentrum Ihrer Wahrnehmung verändert sich im Alltag ständig.

Viele Meditierende neigen dazu, dieses Zentrum an einem bestimmten Ort zu fixieren. Dies kann zu einer gewissen Ruhe und Entspannung führen, weil sie dadurch frei sein können von Gedanken oder Gefühlen. Dennoch ist dies nicht die wahre vollständige Wahrnehmung. Im täglichen Leben bedeutet wahre vollständige Wahrnehmung, dass sich ihr Zentrum immerzu ändert, je nach der momentanen Beziehung zwischen Ihnen und der Welt.

Wie erkennen Sie das Zentrum Ihrer Wahrnehmung im Alltag? Sie erkennen es an der Harmonie. Wenn Sie das richtige Zentrum finden, wird die Welt für Sie schön und harmonisch. Das ist so ähnlich wie in der Fotografie. Ein gutes Foto ist harmonisch und schön, weil es auf natürliche Weise ein Zentrum für den Betrachter entstehen lässt. Es gilt allerdings, sowohl das Foto selbst als auch die Wirklichkeit, die es darstellt, zu verstehen. Stellen Sie sich ein Foto von Menschen vor, die im Krieg leiden. Die Wirklichkeit, die das Bild darstellt, ist schrecklich, sogar so schrecklich, dass uns manchmal der Mut fehlt, ihr ins Gesicht zu sehen, aber ein gutes Foto ist dennoch schön und harmonisch, und wir können es oft und lange betrachten, egal, wie schrecklich die dargestellte Wirklichkeit ist. Auf diese Art und Weise kann uns ein gutes Foto dabei helfen, uns der schrecklichen Wirklichkeit zu stellen, und ebendies wird auf natürliche Weise dabei helfen, Frieden in der Welt zu schaffen. Genauso ist es, wenn Sie die Welt mit dem richtigen Zentrum wahrnehmen: Die Welt wirkt schön und harmonisch, auch wenn sie schreckliche Dinge enthält, wie zum Beispiel Menschen, die sich gegenseitig umbringen. Wenn wir also das rechte Zentrum finden, können wir der Wirklichkeit stets ins Gesicht sehen und so Harmonie schaffen in unserem Leben und der Welt.

Eine Übung dazu: A steht in natürlicher Haltung und hält den Arm nach vorn. Wenn B nun am Handgelenk von A nach oben drückt, wird sich entweder Arm von A nach oben bewegen oder A verliert sein Gleichgewicht und stolpert nach hinten (Abb. 14), weil das Zentrum seiner Wahrnehmung sich ganz natürlich in seinem Unterbauch befindet. Als Nächstes konzentriert sich A auf die Fingerspitzen seines ausgestreckten Arms. Jetzt kann B den Arm von A nicht mehr so leicht hochheben (Abb. 15).

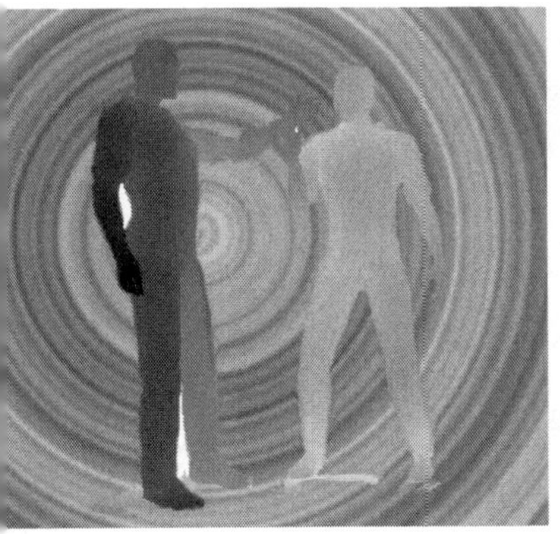

Abb. 14

Abb. 15

In diesem Beispiel hat der Unterschied in der Wahrnehmung von A auch eine Veränderung in seinem Körper bewirkt. Aber es handelt sich dabei nicht nur um eine Veränderung in der Muskulatur, sondern die gesamte Funktionsweise seines Körpers verändert sich entsprechend dem Zentrum seiner Wahrnehmung. So führt das richtige Zentrum zu Harmonie und Schönheit in der Wahrnehmung.

Es ist hier ganz wesentlich, in Erinnerung zu behalten, dass das Zentrum der Wahrnehmung die Schnittstelle zwischen Ihnen und der Welt darstellt. Das bedeutet, dass die Qualität Ihres Lebens einen Bezug zur Welt hat. Ihr Leben ist ein Spiegelbild der Welt, und zu leben bedeutet, mit der Entwicklung der Welt zu leben.

4. Wahrnehmung und das Erkennen von Wahrnehmung

Wenn Sie aktiv versuchen, vollständig wahrzunehmen, erkennen Sie lediglich Ihre Wahrnehmung wieder. Für gewöhnlich nennt man das «Gewahrsein» oder «Bewusstsein» («awareness»), weil Sie Ihrer eigenen Wahrnehmung gewahr sind. Viele Meditationslehrer sprechen vom Gewahrsein als einem der Schlüssel zur Meditation. Es ist jedoch recht eigentlich unmöglich, die vollständige Wahrnehmung zu erkennen, weil Sie etwas Unendliches nicht erkennen können. Gewahrsein kann somit auch nicht die Grundlage von Meditation sein. Sie können nur einer begrenzten Anzahl von Dingen gewahr oder ihrer bewusst sein, aber es ist unmöglich, der vollständigen Wahrnehmung gewahr oder ihrer bewusst zu sein. Eine Meditation, die auf Gewahrsein gegründet ist, ist darum falsch, denn sie weist nicht den richtigen Weg zu leben.

Woher jedoch können Sie wissen, dass es die vollständige Wahrnehmung gibt, wenn Sie sie nicht wirklich erkennen können? Legen Sie zunächst einen Mittelpunkt fest, am einfachsten als einen Punkt im Unterbauch. Schließen Sie die Augen und erkennen Sie einen Raum um dieses Zentrum herum. Vergrößern Sie diesen Raum der Wahrnehmung immer mehr, bis es nicht mehr weitergeht. So verstehen Sie, was unendlicher Raum bedeutet. Wenn Sie wahrnehmen, ohne diese Wahrnehmung zu erkennen, gibt es nur den unendlichen Raum. Steuern Sie im täglichen Leben Ihre Wahrnehmung nicht mithilfe von Bewusstheit oder Gewahrsein, sondern indem Sie ein Zentrum dieses unendlichen Raum bewahren. Dieses Zentrum kann zwar überall sein, weil der Raum unendlich groß ist, aber da wir in unserem Körper leben, müssen wir seine Funktionsweise berücksichtigen. Es ist darum ratsam, das Zentrum dieses unendlichen Raums im Unterbauch zu halten. Anstelle des Gewahrseins im Alltag sollten Sie den Mittelpunkt wahren, der die vollständige Wahrnehmung aufrechterhält.

5. Nehmen Sie Tatsachen oder Bewegungen wahr?

Ich nehme nur Tatsachen wahr, niemals Bewegungen. Die Wahrnehmung einer Bewegung ist eine Illusion. Wenn ich sage, dass ich eine Bewegung wahrnehme (egal, ob eine körperliche oder geistige), damit ich mit anderen kommunizieren kann, nehme ich dennoch eigentlich nur viele Tatsachen wahr, die hintereinander eintreten, aber ich nehme keine Bewegung wahr. Es ist das Wesen von Wahrnehmung, sich nicht zu bewegen. Wenn sich Ihre Wahrnehmung nicht bewegt, nehmen Sie Tatsachen wahr. Das ist das Wesen der Wahrnehmung: Wahrnehmung an und für sich bewegt sich nicht. Bewegung ist ein Bild, das sich aus Wahrnehmung und Erinnerung zusammensetzt. Wenn Sie wirklich nur wahrnehmen, scheint sich die Welt deshalb nur sehr langsam oder gar nicht zu bewegen. Man nennt dies Ewigkeit, und es mag Ihnen dadurch klar werden, was Ewigkeit bedeutet.

4
Meditation

1. Meditation und Erleuchtung

Die Meditation hatte, wie man weiß, vor tausenden Jahren Ihre Anfänge in Indien. Was wir als Meditation heute kennen, entstammt dieser Tradition. Was aber ist die Essenz der indischen Meditation? Ihr Ziel ist die Erleuchtung. Aus diesem Grund sprechen Zen-Meister und alle indischen Meditationslehrer von der Erleuchtung. Es gibt Lehrer, die nicht davon sprechen, aber wenn Sie ihre Bücher lesen, wird Ihnen schnell klar, dass sie versuchen, die Leute zu erleuchten. Sie verwenden nur das Wort «Erleuchtung» nicht, weil sie wissen, dass dieser Begriff den Leuten auf dem Weg zur Erleuchtung im Weg stehen kann.

Tatsächlich haben nur sehr wenige Personen wirklich Erleuchtung erfahren, und das, obwohl über Jahrtausende hinweg unzählige Menschen in Indien, China, Japan etc. dieses Ziel hartnäckig verfolgt haben. An dem Versuch, jemanden zur Erleuchtung zu führen, ist zwar nichts falsch, aber nur einer von zehntausend erreicht vielleicht dieses Ziel. Und was geschieht mit der großen Mehrheit, der dies nicht vergönnt ist? Sie alle werden natürlich enttäuscht sein, vielleicht ganz mit dem Meditieren aufhören oder verzerrt darstellen, was sie gelehrt bekamen, um so ihr Versagen zu rechtfertigen. In ihren Köpfen mögen sich eine Menge fehlerhafter Gedanken festsetzen, weil viele Meditationslehrer gerne übertreiben, um ihre Schüler zur Erleuchtung zu führen. Angesichts dieser Tatsache haben einige Meditationslehrer es aufgegeben, andere Menschen erleuchten zu wollen, und lehren stattdessen, einem Erleuchteten zu folgen. So sollen etwa die Buddhisten den Lehren Buddhas, eines Erleuchteten, folgen. Ganz ähnlich im Christentum, das die Leute lehrt, den Lehren Jesu, Gottes Sohn, zu folgen. Heutzutage gibt es viele Gurus, die ihre Anhänger ermutigen, lieber ihren Lehren zu folgen, als nach Erleuchtung zu streben.

Eine dritte Art der Meditation ist die Anwendung von Meditationstechniken für eine bessere geistige und körperliche Gesundheit. So meditieren viele, um ruhiger zu werden oder um sich zu entspannen. Diese Art der Meditation ähnelt der Psychotherapie. Allerdings muss man anmerken: Hier wäre Psychotherapie deutlich besser als Meditation, weil Letztere sich seit tausend Jahren nicht verändert hat, wohingegen die Psychotherapie vor allem in den letzten Jahren immense Fortschritte gemacht hat. Um jemandes Leben zu verbessern, taugen die Techniken der Psychotherapie daher offensichtlich mehr als die Meditation.

Also was tun mit der Meditation? Ich schlage vor: «Praktiziere ein ‹Leben nach der Erleuchtung› ohne Erleuchtung». Dieser Vorschlag macht die meisten Leute perplex, und sie fragen sich: «Wie kann man denn ein ‹Leben nach der Erleuchtung› ohne Erleuchtung praktizieren?» Die Vorstellung, ein ‹Leben nach der Erleuchtung› zu praktizieren, gibt es auch im Zen, aber dabei ist das Praktizieren des «Lebens nach der Erleuchtung» nach dem *Erreichen* der Erleuchtung gemeint, was ja logisch ist. Aber genau das erscheint wenig praktikabel, wenn nur einer von zehntausend wirklich Erleuchtung erlangt.

Noch bis vor etwa hundert Jahren gab es kaum Kontakt zwischen den verschiedenen Gesellschaften dieser Welt. Jedes Land hatte seine eigene Kultur und Tradition, und man blieb meist am Ort seiner Geburt, weshalb man auch der Kultur und Tradition dieser Gesellschaft streng zu folgen hatte. Ein «Leben nach der Erleuchtung» bedeutet aber, anders zu leben als die anderen, und das war früher gesellschaftlich nicht akzeptiert. In einer katholischen Gesellschaft durfte man kein Protestant oder Moslem sein, in einer kapitalistischen Gesellschaft war es sehr gefährlich, Kommunist zu sein. Wenn man sein Leben anders führte als die anderen, lief man früher sogar Gefahr, sein Leben zu verlieren. Um anders leben zu können, brauchte man viel Intelligenz und Kraft, und nur erleuchteten Personen gelang dies. Deswegen hat auch niemand an ein Leben nach der Erleuchtung ohne Erleuchtung gedacht. Das war in etwa so, wie unverheiratet zusammenzuleben. Vor 100 Jahren war das noch indiskutabel.

Inzwischen hat sich die Situation geändert. In vielen Ländern kann man ein eheähnliches Leben führen, ohne verheiratet zu sein. Der Kapitalismus hat fast die ganze Welt erobert und das Leben ist heute in sehr vielen verschiedenen Ländern sehr ähnlich. Im gleichen Maß, wie die Unterschiede zwischen den Kulturen und Traditionen vieler Gesellschaften verschwinden, wird die Gesellschaft dem Individuum gegenüber toleranter. In vielen Ländern ist es heute möglich, anders zu leben als die anderen. In den meisten Ländern werden Ausländer als Mitbürger akzeptiert. Natürlich leben sie auf andere Art und Weise, aber die Leute akzeptieren dies mehr oder weniger. So ist es heute auch möglich, ein «Leben nach der Erleuchtung» ohne vorherige Erleuchtung zu führen.

Zunächst gilt es zu verstehen, was Erleuchtung eigentlich ist. Erleuchtung bedeutet, dass man erkennt, dass Handlungen nicht auf Gedanken basieren. Wenn Sie das wirklich verinnerlicht haben, sind Sie frei von Gedanken und können ein Leben ohne Probleme führen. Probleme werden immer von Gedanken ausgelöst, und wenn Sie keine Gedanken haben, haben Sie auch keine Probleme. Daher ist es auch das Beste, wenn man Leuten mit Problemen rät, erst einmal darüber zu schlafen und über das Problem am nächsten Tag nachzudenken. Viele Leute flüchten vor Problemen in den Alkohol. Der Alkohol unterdrückt die Gedanken, aber das ist auch nicht gut, weil Sie in der Gesellschaft nur dann gut funktionieren können, wenn Sie in der Lage sind, angemessen zu denken. Wenn man seine Probleme gar nicht loswird, bleibt als letzter Ausweg oft nur der Suizid: Wenn Sie tot sind, sind Sie auch frei von Gedanken.

Die Meditation des indischen Typs endet mit der Erleuchtung. Ihr Ziel ist nur die eigene Erleuchtung oder die Erleuchtung anderer. Wenn Sie frei von Gedanken sind, sind Sie erleuchtet. Was aber bestimmt dann nach der Erleuchtung das Handeln? Was bedeutet Erleuchtung für die Welt? Diese Fragen betreffen das «Leben nach der Erleuchtung». Es ist die Wahrnehmung, die das Handeln bestimmt. Die Wahrnehmung wird vom Universum bestimmt, und Ihr Leben wird eins mit dem Universum. Ihre Wahrnehmung des Universums jedoch hängt von den Konzepten ab, die Sie im Kopf haben. Das bedeutet, dass Ihr Leben auch von diesen Konzepten abhängt. Wo kommen diese Konzepte her? Ihr Gehirn konzipiert sie von selbst, wenn es Neues wahrnimmt. Eine neue Wahrnehmung erschafft ein neues Konzept, und ein neues Konzept führt zu neuer Wahrnehmung. Das «Leben nach der Erleuchtung» ist die fortlaufende Weiterentwicklung von Wahrnehmung und Konzeption. Ein «Leben nach der Erleuchtung» zu führen bedeutet also, mit neuen Konzepten zu leben.

2. Kultur und Meditation

Beim Nachdenken über das Leben nach der Erleuchtung frage ich mich, warum man sich in früheren Zeiten nie darüber Gedanken gemacht hat. Man dachte immer nur daran, Erleuchtung zu erlangen, aber suchte nach keinem anderen Weg. Der Grund dafür wird einem schnell klar: Bis vor etwa sechzig, siebzig Jahren war das Leben im Vergleich zu unserem heutigen noch recht eingeschränkt. Man konnte sich seine Arbeit nicht nach Belieben aussuchen, sondern musste tun, was die Gesellschaft einem anbot. Um überleben zu können, musste man wie alle anderen leben. Lebte man anders, wurde man ausgestoßen, verbannt oder sogar umgebracht. Ein «Leben nach der Erleuchtung ohne Erleuchtung» zu führen, war daher völlig ausgeschlossen.

Heute ist die Situation in den Industrienationen völlig anders. Sie können relativ frei und international leben, und die Lebensstile haben sich einander angenähert. Früher hatte jede Gesellschaft ihre eigene Art zu leben, und innerhalb dieser lebten alle auf dieselbe Weise. Auf der Erde gab es eine große Vielfalt verschiedener Lebensstile, und jeder prägte die Kultur seines Landes. Heute, da die Gesellschaften ihre Eigenheiten immer mehr verlieren, wird es für den Einzelnen immer notwendiger, sein eigenes Leben zu führen. Die Menschen heutzutage sind dem Einfluss vieler anderer Kulturen ausgesetzt, sie lernen verschiedene Lebensstile kennen und übernehmen Teile davon. Paradoxerweise führt genau dies aber zu einer zunehmenden Ähnlichkeit der Gesellschaften und behindert die Entwicklung der eigenen Kultur. Auf eigene Art zu leben, wird auch deshalb immer wichtiger, weil man sonst leicht der Versuchung erliegt, andere unbewusst nachzuahmen. Wenn aber jeder auf die gleiche Art und Weise lebt, wird die menschliche Kultur in Vergessenheit geraten.

Die einzige Möglichkeit, wirklich Ihr eigenes Leben zu führen, ist darum, ein «Leben nach der Erleuchtung» zu leben. Indem Sie neue Konzepte kennenlernen, erkennen Sie Ihre eigenen Konzepte und können sie durch Ihr Leben zum Ausdruck bringen. Diese Lebensweise führt zu Ihrer eigenen Kultur, die wiederum zur Kultur der Menschheit beiträgt.

3. Warum wollen Sie erleuchtet werden?

Da ich viele Leute treffe, die sich für Erleuchtung oder für Erleuchtete interessieren, bin ich zu dem Schluss gekommen, dass man die Zusammenhänge klar verstehen sollte. Es ist nicht wichtig, zu wissen, wie man zur Erleuchtung gelangt, oder erleuchtete Personen zu kennen. Aber es ist wichtig, dass Sie verstehen, warum Sie sich überhaupt dafür interessieren. Wenn Sie etwas *über* Erleuchtung oder Erleuchtete erfahren wollen, sollten Sie Soziologie oder Religion studieren. Aber Sie sollten sich genau beobachten, um herauszufinden, *warum* Sie sich für Erleuchtung oder Erleuchtete interessieren. Und in diesem Moment praktizieren Sie bereits Meditation.

Was die Menschen schon immer mit am meisten wollten, war Macht, und insbesondere Macht über andere. Es gibt zwei Möglichkeiten, Einfluss auf andere zu haben: entweder mit finanzieller oder politischer Macht oder durch persönliche Eigenschaften wie Intelligenz, Schönheit oder Sex-Appeal. Auch Erleuchtete haben eine gewisse Anziehungskraft auf andere, und es gibt viele Menschen, die sich gerne von solchen Leuten anziehen lassen: Denken Sie nur daran, wie viele Menschen von Schauspielern oder Sängern fasziniert sind. Aber das gilt auch für die andere Richtung: In vielen ist der Wunsch, auf andere anziehend zu wirken, tief verwurzelt. Und oft ist es ebendieses Bedürfnis, das jemanden dazu bringt, sich für Erleuchtung oder Erleuchtete zu interessieren.

Als Erstes sollten Sie sich daher vergewissern, dass Sie sich nicht für erleuchtete Personen interessieren. Sie sollten sich für sich selbst oder Ihr eigenes Leben interessieren. Das ist der richtige Ausgangspunkt für Meditation.

4. Lügen für einen guten Zweck

In Japan ist es gesellschaftlich akzeptiert, zu lügen, um jemanden zu einem guten Ziel zu führen. Wenn zum Beispiel jemand versucht, eine Gruppe zu Fuß durch die Wüste zu führen und nach einiger Zeit die Leute vor Durst und Müdigkeit nicht mehr weiterlaufen wollen, kann er der Gruppe sagen, dass sie nach weiteren fünf Stunden Fußmarsch eine Oase erreichen würden, und die Leute gehen weiter. Es war eine Lüge, aber sie diente einem guten Zweck.

Diese Einstellung basiert auf der Überzeugung, wissen zu können, was für andere gut sei. Eine solche Überzeugung kann zwei Gründe haben: zum einen die Religion und zum anderen die Philosophie oder Meditation. Wenn Sie an Religion, Philosophie oder Meditation glauben, versuchen Sie automatisch, auch andere zu dem guten Ziel Ihres Glaubens zu führen. Im Buddhismus gibt es die Vorstellung der Erleuchtung, und Erleuchtete versuchten andere zu erleuchten. Dieses Prinzip entstand vor ungefähr 3.000 Jahren vermutlich in Indien und breitete sich auf andere Teile Asiens aus, einschließlich China, Korea und Japan. Wer andere erleuchten will, ist einfach überzeugt davon, lügen zu dürfen, um dies zu erreichen.

Wenn es wirklich möglich ist, jemanden mithilfe von Lügen zu erleuchten, mag dies gerechtfertigt sein. Aber die Geschichte lehrt uns, dass es, ob mit oder ohne Lügen, keine spezielle Methode gibt, jemanden zu erleuchten. Auch wenn es gelegentlich zu einer Erleuchtung kommt, weiß doch niemand, wie und warum. Angesichts dieser Situation glaube ich nicht, dass es wirklich gut ist, zu einem guten Zweck zu lügen. In manchen besonderen Situationen mag eine Lüge akzeptabel sein, aber im Allgemeinen ist es besser, nicht zu lügen, da Lügen Verwirrung in der Welt stiften.

5
Wirklichkeit

1. Was ist Wirklichkeit?

Was ist eigentlich Wirklichkeit? Das ist eine wesentliche Frage. Viele sind der Auffassung, es gebe gar nicht so etwas wie Wirklichkeit. Ebenso gibt es die Vorstellung, es gebe keine Wahrheit, sondern nur persönliche Meinungen. Diese Redeweise gründet in dem Anspruch der Wissenschaft, so objektiv zu sein, dass jeder zustimmen könne. Wenn Sie glauben, Wirklichkeit sei das, was Sie sehen oder denken, so eignet dem offensichtlich nichts Sicheres oder Absolutes, und Sie können eine solche Wirklichkeit in der Tat nicht zur Grundlage Ihres Lebens machen, denn Sie würden Ihr Leben dann nur auf der Basis von Meinungen und Gefühlen leben. Aber jeder, ob er es nun wahrhaben will oder nicht, lebt mit und in der Wirklichkeit. Darum ist es absolut notwendig, zu verstehen, was Wirklichkeit tatsächlich ist und wie man sie zur Grundlage seines Lebens machen kann.

Wirklichkeit heißt, dass es keinen Widerspruch gibt zwischen den verschiedenen Dingen, die Sie wahrnehmen, sodass Sie im Einklang mit ihnen leben können. Zum Beispiel nehmen Sie etwas mit Ihren Augen wahr. Wenn Sie nun zweifeln, ob es tatsächlich existiert oder nicht, dann berühren Sie es. Wenn Sie es fühlen können, halten Sie es für real, weil es keinen Widerspruch gibt zwischen dem, was Ihre Augen, und dem, was Ihre Hände wahrnehmen. Wenn Sie es aber nicht spüren können, mag es sich um eine optische Täuschung handeln, denn es besteht ein Widerspruch innerhalb Ihrer Wahrnehmung.

Das Wesentliche an der Wirklichkeit ist, dass innerhalb Ihrer Wahrnehmung keine Widersprüche bestehen. Was Sie wahrnehmen, hängt zwar von Ihnen ab und ist daher relativ, aber die Tatsache, dass kein innerer Widerspruch innerhalb Ihrer Wahrnehmung besteht, ist absolut. Auf dieser Absolutheit Ihrer Wahrnehmung können Sie Ihr Leben aufbauen. Das ist es, was Wirklichkeit bedeutet. Was Sie nicht wahrnehmen, hat auf Ihr Leben keinen Einfluss. Seien Sie sich Ihrer Wahrnehmung sicher. Auch was Sie im Fernsehen sehen oder in der Zeitung lesen, ist Teil Ihrer Wahrnehmung. Ebenso sind Ihre Gedanken und Gefühle Teil Ihrer Wahrnehmung. Aber was Sie nicht wahrnehmen, existiert für Sie nicht.

2. Was ist Wahrheit?

Alle reden von der Wahrheit, aber kaum einer definiert sie. Man hat die vage Vorstellung, sie sei etwas, dem alle zustimmen. Aber dann gibt es ganz offensichtlich keine Wahrheit. Den Begriff Wahrheit muss man klar definieren, denn sonst ist das Sprechen über Wahrheit nur sentimentales Geschwätz.

Die Definition von Wahrheit ist: «Wahrheit ist eine Tatsache, die beweist, dass jemand unrecht hat.» Eine Tatsache ist ein Teil der Wirklichkeit, aber wer ist dieser «Jemand»? Wenn es jemand anders ist, dann geht es um eine gesellschaftliche Wahrheit. Bei Gericht zum Beispiel sucht der Verteidiger eine Wahrheit, die beweist, dass der Staatsanwalt unrecht hat und der Angeklagte unschuldig ist. Ein Journalist sucht nach einer Wahrheit, die beweist, dass ihre Kollegen unrecht haben. Es ist allgemein bekannt, dass Politiker und Geschäftsleute lügen, darum ist es nicht besonders nützlich, dies durch einen Journalisten beweisen zu lassen. Die Feststellung, dass andere unrecht haben, hat auf das eigene Leben keinen Einfluss.

Viel wichtiger ist es, festzustellen: «Ich habe unrecht.» Dann kann sich mein Leben verändern. Genau genommen ist das der einzige Weg, sein Leben grundlegend zu ändern. Für gewöhnlich will man nur einen Teil seines Lebens ändern und versucht, einen Teil unverändert zu erhalten und einen anderen Teil zu ändern, aber das führt ganz offensichtlich zu einem inneren Konflikt. Der bewusste Versuch, sein Leben zu ändern, führt zu einem Konflikt in diesem Leben. Die einzig echte und richtige Veränderung im Leben ist eine natürliche und widerspruchsfreie Veränderung, und der alleinige Weg dahin ist die Wahrheit. Die Wahrheit, die zeigt, dass ich unrecht habe, ist die Wahrheit des Lebens. Sobald Sie dies gründlich verstanden haben, werden Sie kontinuierlich bestrebt sein, sich selbst wahrzunehmen, um herauszufinden, dass Sie unrecht haben. So leben Sie Ihr Leben auf der Basis von Wahrheit.

3. Was ist Bescheidenheit?

Jeder weiß: Es ist gut, bescheiden zu sein. Aber was ist Bescheidenheit? Wenn man es nicht weiß, neigt man dazu, mit seiner Bescheidenheit anzugeben. In Japan sagt man, dass es zwei Arten des Angebens gibt: Die eine ist, damit anzugeben, wie toll man sei, die andere, damit anzugeben, was für ein Nichts man doch sei. Überraschenderweise sieht man manchmal eine sehr bescheiden wirkenden Person, die aber tatsächlich sehr stolz ist. All diese Widersprüche entstehen, weil viele nicht wissen, was Bescheidenheit eigentlich ist.

Um Bescheidenheit zu verstehen, müssen Sie zunächst verstehen, was Wahrheit ist. Die meisten Leute wissen nicht, was Wahrheit ist, und tendieren deshalb dazu, sie ganz zu negieren. Wahrheit ist, wie wir gesehen haben, eine Tatsache, die beweist, dass jemand unrecht hat. Eine Tatsache ist ein Teil der Wirklichkeit, und die Wirklichkeit enthält keinen Widerspruch zwischen den Wahrnehmungen. Wenn Sie verstehen, was Wahrheit ist, sind Sie wirklich bescheiden, weil Sie fortwährend nach Wahrheit suchen und erkennen werden, dass Sie unrecht haben.

4. Was ist Respekt?

Nur zu oft verwechselt man Bewunderung mit Respekt. Darum ist es auch nicht leicht, sich immer respektvoll zu verhalten. Sie bewundern beispielsweise jemanden, der schön, stark, schlau oder groß ist. Verwechseln Sie aber Bewunderung und Respekt, dann respektieren Sie diejenigen nicht, die diese Eigenschaften vermeintlich nicht haben. Respekt bedeutet, eine allumfassende Geisteshaltung zu haben. Wenn Sie nur das beobachten, was außerhalb Ihres Körpers ist, verhalten Sie sich nie respektvoll, sondern nur diplomatisch. Die

Wirklichkeit des Universums befindet sich jedoch außerhalb und innerhalb Ihrer selbst. Darum müssen Sie auch immer das sehen, was in Ihnen geschieht. Respekt bedeutet, im Kontakt mit anderen Dingen oder Personen sich selbst zu beobachten. Sie werden dann bemerken, dass Sie scheinheilig sind und Vorurteile haben. Sie werden bemerken, dass es unmöglich ist, andere zu verstehen. Es gibt immer etwas, was Sie nicht verstehen. Mit dieser Erkenntnis verändert sich Ihre Einstellung. Das ist Respekt. Zum Beispiel: Sie sehen eine Blume. Wenn Sie denken: Das ist eine Blume, dann respektieren Sie sie nicht. Wenn Sie sich jedoch selbst beobachten, werden Sie erkennen, dass Ihre Gedanken ohne Wert sind, und beginnen die Blume genauer zu betrachten. Bald werden Sie viele Dinge an ihr entdecken, die Sie nicht verstehen. So beginnen Sie, Respekt vor der Blume zu entwickeln.

5. Was ist Glück?

Wissen Sie, was Glück ist? Vielleicht glauben Sie, es sei ein Gefühl. Viele Leute sprechen ja von Glücksgefühlen. Aber Sie werden nicht dauerhaft glücklich sein können, solange Sie glauben, Glück sei ein Gefühl. Genau das ist es nämlich nicht. Die Wahrheit ist: Die meisten Menschen sind unglücklich und wollen vergessen, dass sie unglücklich sind. Genauso wie viele sich betrinken, um ihr Elend zu vergessen, neigen Sie dazu, angenehme Gefühle zu suchen, um zu vergessen, dass Sie unglücklich sind. Solange dieses besondere, gute Gefühl anhält, funktioniert das auch, und Sie halten dieses Gefühl fälschlicherweise für Glück. Sobald es jedoch endet, werden Sie wieder damit konfrontiert, dass Sie unglücklich sind, und müssen aufs Neue ein Glücksgefühl suchen, um dies zu vergessen. Das ist genau dasselbe wie Alkoholabhängigkeit: Solange Sie betrunken sind, vergessen Sie, dass Sie unglücklich sind, aber wenn Sie nüchtern sind, kommt alles zurück, und Sie beginnen wieder zu trinken.

Wahres Glück ist dauerhaft. Wenn es nicht dauerhaft ist, ist es nicht wahr. Deshalb ist Glück auch kein Gefühl. Gefühle sind von Natur aus veränderlich und nicht dauerhaft; wahres Glück dagegen ist dauerhaft und darum kein Gefühl. Das Einzige, was Sie mit dem Glück tun können, ist, es nicht zu stören. Das Glück nicht zu stören, nennt man Ruhe. Wenn Sie einen wertvollen Edelstein besitzen, sind Sie bestrebt, ihn nicht zu zerstören, und behandeln ihn deshalb vorsichtig und ruhig. Ebenso vorsichtig sollten Sie sich selbst behandeln, um Ruhe entstehen zu lassen: Ruhe im Leben.

Ihre Suche nach dem Glück beginnt damit, der Tatsache ins Auge zu schauen, dass Sie unglücklich sind. Das ist nicht leicht, denn für gewöhnlich will man genau das vermeiden, indem man etwas anderes tut oder fühlt. Dieser typische Fehler in unserer industrialisierten Welt zeigt sich in dem allseits beliebten Ausspruch «Don't worry, be happy» («Mach dir keine Sorgen, sei fröhlich»). Setzen Sie sich ruhig hin und gehen Sie in sich. Vielleicht entdecken Sie, wie unglücklich Sie sind. Aber rennen Sie nicht davon, sondern stellen Sie sich. Wenn Sie Ihrem Unglücklichsein ins Auge schauen, leidet Ihr Körper, und das so sehr, dass Sie währenddessen gar nichts anderes tun können. Vielleicht beginnen Sie damit erst mal im Bett, aber versuchen Sie es dann auch tagsüber, und schließlich, während Sie etwas tun. So wird es zur Meditation im täglichen Leben. Ihr Körper wird dabei immer stärker, und Sie werden sich Ihrem Unglücklichsein immer leichter stellen können. In dieser Konfrontation verschwindet es. Und wenn es verschwindet, werden Sie den wahren Zustand des Menschen erkennen: den Zustand des Glücks.

6. Was ist Liebe?

Reine Wahrnehmung bedeutet: nur Wahrnehmung und kein Erkennen getrennter Dinge. Manchmal geschieht dies einfach so, aber Sie können es auch üben. Dazu müssen Sie Ihre eigene Wahrnehmung wahrnehmen. Wenn Sie das erleben, empfinden Sie körperlich eine Intensität, die der Liebe sehr ähnlich ist.

Für gewöhnlich benötigt die Liebe ein Objekt – eine Person oder einen Gegenstand. Aber diese Liebe ist relativ und nicht absolut. Was aber ist absolute Liebe? Absolute Liebe ist Liebe ohne ein Objekt. Liebe bedeutet die Einheit von Wahrnehmung und Handlung. Wenn das Handeln vollständig auf der Wahrnehmung basiert, gibt es kein Erkennen von Handlungen, sondern nur Wahrnehmung. Wahrnehmung und Handeln werden zu einer Einheit. Dieses Handeln ist Liebe. Es kann beim Sex geschehen, aber man kann auch ohne Sex lieben. Wenn unser Handeln reine Wahrnehmung ist, dann ist es Liebe. Es ist also eine ganz grundlegende Erkenntnis, dass es möglich ist, seinen Alltag in absoluter Liebe zu leben.

7. Was ist Harmonie?

Man könnte denken, Harmonie sei die Bezeichnung für eine gute Beziehung zwischen zwei Menschen oder Dingen. Das ist jedoch eine falsche Vorstellung, denn Harmonie im Leben ständig aufrechtzuerhalten, ist nicht möglich. Wenn sich jemand über Sie ärgert, besteht keine Harmonie. Es ist auch unmöglich, dass alle Menschen Sie mögen. Was auch immer Sie tun, es wird immer jemanden geben, der Sie nicht mag. Was also ist wahre Harmonie?

Wenn Ihre Wahrnehmung nicht in Bewegung ist, wenn in Ihrem Inneren keine Bewegung vorhanden ist, entsteht Harmonie. Sie haben den Eindruck, die Welt sei stehen geblieben, weil sich nichts bewegt. Viele glauben, Harmonie bestünde zwischen zwei Menschen. Dieser Fehler kommt daher, dass man «in Harmonie sein» mit «auf gleicher Wellenlänge sein» verwechselt. Sie können zwar zwei Dinge aufeinander abstimmen und dies als Harmonisierung bezeichnen. Aber es ist nicht möglich, sich mit allen Dingen zu «harmonisieren». Wie könnte man sich gleichzeitig mit zwei einander entgegengesetzten Dingen harmonisieren? Wenn Sie wirklich in Harmonie leben wollen, ist das Konzept der «Harmonisierung» falsch, denn wenn Sie von Harmonisieren sprechen, meinen Sie eigentlich, zwei Dinge miteinander in Einklang zu bringen.

Bedenken Sie also: Wahre Harmonie existiert nur innerhalb Ihrer eigenen Wahrnehmung, und das Einzige, was Sie tun können, ist, diese Harmonie zu erschaffen und sie in allen Gegebenheiten des Alltags zu bewahren.

8. Was ist Vorstellungskraft?

Einer der Unterschiede zwischen Mensch und Tier ist der, dass der Mensch eine starke Vorstellungskraft hat. Die Fähigkeit, sich etwas vorzustellen, ist eine der Quellen für die Kunst und die Wissenschaft, andererseits aber auch für Angst und Schmerz. Deswegen unterdrücken viele Menschen ihre Vorstellungskraft und halten sie für etwas Kindisches. Aber Sie sollten die Vorstellungskraft sehr ernst nehmen, denn Sie verwenden sie im täglichen Leben so gut wie ständig.

Wenn Sie etwas kaufen, stellen Sie sich vor, wozu Sie es gebrauchen können und entscheiden dann, ob das Preis-Leistungs-Verhältnis stimmt. Wenn Sie etwas zu entscheiden haben, stellen Sie sich vor, wie die Zukunft infolge dieser Entscheidung aussehen wird. Die Vorstellungskraft ist also eine der Grundlagen Ihres Lebens überhaupt.

Wenn Sie Ihre Vorstellungskraft verwenden, um eine Entscheidung zu treffen, kann sie allerdings auch gefährlich sein und zu Problemen führen. Sie kann gefährlich sein, wenn Sie ihr vertrauen und handeln, ohne die Welt um Sie herum wahrzunehmen, und sie kann zu Problemen führen, wenn Sie Widersprüche zwischen Ihrer Vorstellungskraft und Ihren Wünschen sehen.

Behalten Sie darum in Erinnerung: Sie können ohne Entscheidungen leben. Dann kann die Vorstellungskraft sehr nützlich für Ihr Leben sein, weil sie mehr Möglichkeiten der Wahrnehmung eröffnet. Sie hilft Ihnen, ein kreatives Leben zu führen.

9. Was ist Freiheit?

Manch einer glaubt, Freiheit bedeute, tun zu können, was man will, ohne der Kontrolle oder dem Einfluss anderer zu unterliegen. Würde diese Annahme stimmen, dann hieße das, dass es Freiheit gar nicht gibt. Jeder weiß schließlich, dass es unmöglich ist, immer das zu tun, was man will. Würde jeder nur das tun, was er will, würde man sich am Ende gegenseitig umbringen. Was also ist Freiheit? Wahre Freiheit bedeutet, frei von den eigenen Gedanken, Gefühlen und Wünschen zu sein. Das ist möglich, und wenn jeder auf diese Art frei ist, wird die Welt zum Paradies.

Der Weg zur Freiheit beginnt damit, dass Sie Ihre Gefühle nicht durch Worte beeinflussen. Lernen Sie zunächst, im Inneren Ihres Körpers ohne Worte wahrzunehmen. Das heißt auch, dass Sie den Begriff «Gefühl» über Bord werfen müssen, weil Gefühle, wie wir gesehen haben, der verbale Ausdruck von Körperwahrnehmung sind. Solange Sie mittels der Gefühle denken, benutzen Sie Worte, und Worte beeinflussen Ihren Körper. Auch positive und negative Worte müssen Sie über Bord werfen.

Nun heißt es Geduld zeigen und die Wahrnehmung Ihres Körpers beständig aufrechterhalten. Der Weg dahin ist die vollständige Wahrnehmung. Das bedeutet, Sie nehmen innerlich wahr, auch während Sie etwas tun oder außerhalb Ihres Körpers wahrnehmen. Mit anderen Worten: Sie üben im Alltag. Sie werden feststellen, dass die Wahrnehmung Ihren Körper in guter Verfassung hält, und Sie können die Worte über Bord werfen.

Vergessen Sie jedoch nicht, dass dieser Prozess dauern kann – ein paar Stunden, ein paar Tage oder ein paar Jahre. Wie lange es dauern wird, ist aber letztlich irrelevant, denn es ist der einzige Weg zur Freiheit. Befreien Sie sich von Worten, und Ihre Gedanken werden frei. Das ist Gedankenfreiheit. Das Denken darf den Körper nicht beeinflussen. Positive Gedanken führen zu Wohlbefinden und negative zu Unwohlsein. Derart ist der Einfluss der Gedanken auf den Körper, und Sie tendieren dazu, Ihre Gedanken zu benutzen, um sich körperlich wohlzufühlen. Das bedeutet aber, dass das Denken nicht frei ist. Folglich sind Gedanken auch nicht geeignet, um die Welt zu verstehen, denn auf diese Weise treffen Sie ständig Entscheidungen, die aus einem falschen Verständnis der Welt resultieren. Und Ihre Entscheidungen und Handlungen stören nicht nur Ihr Leben, sondern führen zu Verwirrung in der Welt.

Wenn es Ihnen aber gelingt, sich dauerhaft körperlich wohlzufühlen, ohne Gedanken zu benutzen, können Ihre Gedanken frei und angemessen arbeiten. Natürlich brauchen Sie dazu etwas Übung, aber es ist wie beim Autofahren. Nach einer Weile können Sie Auto fahren und gleichzeitig an etwas anderes denken. Genauso können Sie Ihre Gedanken von der Aufgabe befreien, körperliches Wohlbefinden zu bewirken. Das ist der Anfang von Intelligenz.

Die nächste Frage ist natürlich: Wie geht das? Wie können Sie sich dauerhaft körperlich wohlfühlen, ohne Gedanken zu verwenden? Der Schlüssel dazu ist die Wahrnehmung. Es ist die vollständige Wahrnehmung, die Ihr körperliches Wohlbefinden dauerhaft sichert.

10. Was ist ein Problem?

Kaum jemand weiß darauf eine klare Antwort. Es gibt viele Begriffe dieser Art, die man kennt und verwendet, deren genaue Bedeutung man aber nicht kennt. Ein «Problem» ist «ein Gedanke, der dem Körper Schmerz zufügt». Ihr Körper fühlt den Schmerz, und dieser wird von Gedanken ausgelöst.

Für gewöhnlich kennt man zwei Strategien, mit Problemen umzugehen. Die erste, geradlinige Lösung ist es, so lange die Gedanken zu verändern, bis sie keinen Schmerz mehr verursachen. Dies nennt man «Probleme lösen». Gelingt Ihnen das nicht, dann verursachen die Gedanken weiterhin Schmerzen. Dann versuchen Sie, den unbequemen Gedanken zu vergessen, und denken an etwas anderes. Dies nennt man «positiv denken». Gedanken, die dem Körper Schmerz zufügen, bezeichnet man als negativ, diejenigen, die dem Körper Wohlbefinden vermitteln, als positiv. Indem Sie nun die negativen Gedanken unterdrücken und positive Gedanken einbringen, versuchen Sie, den Schmerz loszuwerden. Bei dieser Flucht betrügen Sie sich selbst. Außerdem sind Sie dabei auch immer angespannt, weil man Gedanken nur mithilfe einer gewissen Anspannung unterdrücken kann. Sie halten diese Anspannung klein, damit die anderen nichts bemerken, aber trotzdem empfindet Ihr Körper die Störung und leidet.

Die zweite gängige Möglichkeit ist die, Gedanken zu vergessen. Man trinkt oder raucht, um sich abzulenken und seine Gedanken zu vergessen. Manch einer macht auch körperliche Übungen. Das ist nicht schlecht, weil der Körper sich dann besser fühlt. Körperliche Übungen in diesem Sinn sind nicht nur Sport oder Gymnastik, sondern auch Tanzen, Musik, Unterhaltungen mit Freunden, Ferien etc. Aber leider gilt: Ist die Ablenkung beendet, haben Sie wieder dasselbe Problem.

Meditation demgegenüber ist der Weg, alles wahrzunehmen, bis Ihr Körper sich gut fühlt. Dann haben die Gedanken keine Macht über Ihren Körper und können ihm keinen Schmerz zufügen. Positives wie Negatives verschwindet. Darum sollten Sie üben, körperlich mit Problemen umzugehen, damit Sie ohne Probleme leben können. Ohne Probleme zu leben bedeutet nicht, keine Fragen zu haben, ganz im Gegenteil. Wenn man keine Probleme hat, lebt man mit sehr vielen Fragen. Die Probleme werden einfach in Fragen umgewandelt. Ein Problem sollte darum eigentlich nie gelöst, sondern stattdessen in eine Frage verwandelt werden.

Für Fragen können manchmal Lösungen gefunden werden, aber auch sie müssen nicht gelöst werden. Sie können und sollten mit Fragen leben. Fragen zu haben bedeutet, dass Sie die Dinge anders wahrnehmen, und somit verändert sich Ihr Leben.

11. Was ist Verstehen?

Verstehen ist eine Art des Lernens. Jemanden verstehen heißt, wahrzunehmen, was er wahrnimmt. Etwas verstehen heißt, etwas so wahrzunehmen, dass Ihre Wahrnehmung dessen eine harmonische Einheit bildet. Verstehen heißt also von jemandem oder von etwas lernen. Was ist dann der Unterschied zwischen den beiden Wörtern? Lernen hat normalerweise ein klares Ziel: Man lernt eine Sprache, eine Sportart oder eine Verfahrensweise etc. Verstehen bedeutet dahingegen, dass man die Bedeutung der Worte anderer erkennt, also die Beziehung zwischen ihren Worten und der Wirklichkeit, auf die sie sich beziehen. Wenn Sie ein Tier verstehen, dann erkennen Sie die Beziehung zwischen dem, was es tut, und seiner Umgebung. Wenn Sie eine Gesellschaft verstehen, dann erkennen Sie die Zusammenhänge zwischen all dem, was in dieser Gesellschaft geschieht. Verstehen bedeutet immer, eine Beziehung zu erkennen.

12. Was ist ein starker Geist?

Ein starker Geist ist in der Lage, die vollständige Wahrnehmung auch unter schwierigen Umständen aufrechtzuerhalten. Solange Sie vollständig wahrnehmen, können Sie Ihren Körper unbewegt halten. Das ist es, was ein starker Geist ausdrückt. Den Geist trainieren heißt, immer vollständig wahrzunehmen. Da Sie zum Wahrnehmen den ganzen Körper benutzen, gibt dieser starke Geist Ihrem Körper eine gewisse Qualität und Fertigkeit. Den Geist trainieren heißt also gewissermaßen, den Körper trainieren.

Warum verlieren Sie aber die vollständige Wahrnehmung gelegentlich? Der häufigste Grund dafür ist der Versuch, einem Schmerz auszuweichen. Aber es ist unmöglich, Schmerzen zu entkommen. Besser ist es, wenn Sie sich dem Schmerz stellen, damit Ihr Körper stark wird. Dann kann der Schmerz verschwinden. Solange Sie dem Schmerz entkommen wollen, ist Ihr Körper schwach, und der Schmerz bleibt. Ein starker Geist jedoch führt zu einem starken Körper.

13. Was ist Angst?

Wie ich höre, machen sich einige Leute Sorgen wegen ihrer Angst. Auch höre ich von Theorien, die Psychologen zum Thema Angst haben, und von Meditationslehrern, die über Angst sprechen. Ich verstehe nicht, warum man das so aufbauscht. Angst ist nur eine körperliche Reaktion. Wenn diese körperliche Reaktion zu Unbehagen führt, muss man sie in den Griff bekommen. Ansonsten ist sie ohne Bedeutung. Ich will nicht so tun, als ob ich das Problem der Angst lösen könnte, ich beschreibe hier nur Fakten. Angst ist lediglich der Name, den man einem speziellen Typus körperlicher Reaktion gibt. Wenn Sie die Angst beherrschen wollen, müssen Sie lernen, Ihren Körper unbewegt zu halten. Mit anderen Worten: Verleihen Sie der Angst keinen Ausdruck. Ich meine damit nicht, dass Sie Ihre Angst verstecken oder unterdrücken sollten, ich sage nur: Drücken Sie sie nicht in einer körperlichen Bewegung aus.

Dann müssen Sie sich ihr stellen, und Sie lernen auf natürliche Art und Weise, sie zu beherrschen.

Manch einer versucht, eine bestimmte Methode oder Technik gegen seine Angst anzuwenden, aber dann beschäftigt er sich nur mit der Erinnerung an die Angst. Ich glaube aber nicht, dass es sehr sinnvoll ist, sich mit der Erinnerung zu beschäftigen. Es ist besser, sich der Wirklichkeit und nicht den Erinnerungen an sie zu stellen. Solange Sie etwas ausdrücken, stellen Sie sich dem, was Sie ausdrücken, nicht wirklich, weil Sie mehr damit beschäftigt sind, auf welche Art und Weise Sie es ausdrücken, als damit, sich ihm zu stellen. Wenn Sie sich einer Sache ganz und gar stellen, haben Sie keine Zeit, ihr Ausdruck zu verleihen. Zu lernen, Dinge nicht auszudrücken, ist etwas sehr Wichtiges.

14. Was ist ein Name?

Es ist ein gängiges Missverständnis, zu glauben, bei der Meditation gehe es darum, seine Gedanken loszuwerden. Dieser Fehler zeigt aber deutlich, wie sehr der Mensch unter Gedanken leidet. Meditation bedeutet, von Gedanken frei zu sein, nicht aber, die Gedanken loszuwerden.

Das Denken besteht im Wesentlichen aus miteinander verknüpften Namen. Namen erfordern jedoch Vorsicht. Namen stehen für Dinge in der Welt, und Sie müssen genau wissen, was jeder einzelne Name bedeutet. Und Sie werden bemerken, dass Sie sich mehr mit den Namen beschäftigen als mit der Wirklichkeit, für die sie stehen. Man nennt dieses Haften an Namen Identifikation, und diese führt zu Illusionen.

Aus diesem Grund ist es eine Tradition in der Welt der Meditation, dass die Schüler ihre Namen ändern. Wenn man seinen Namen ändert, versteht man, dass ein Name und die Wirklichkeit, für die er steht, nicht dasselbe ist. Wenn Sie sich für die Wirklichkeit interessieren, für die jeder einzelne Name steht, sind Sie von Gedanken frei.

6
Mensch sein

1. Was sind Sekten?

In Gruppen, die man als Sekten bezeichnet, sind in letzter Zeit einige Verbrechen verübt worden, und die Polizei beginnt sich für solche Gruppen zu interessieren. Was aber sind Sekten? Eine Gruppe von Leuten ist nicht notwendigerweise eine Sekte. Sie muss einer Lehre folgen, aber auch das reicht noch nicht aus. Erst wenn ein Lehrer sagt, dass seine Lehre alles sei, was man braucht, und man nicht anderes braucht, wird die Gruppe zu einer Sekte, und darum ist das Konzept von Sekten auch falsch.

Eine jede Person braucht viele verschiedene Dinge und Lehren. Ein Lehrer allein kann einem niemals alles geben, was man braucht. Man braucht verschiedene Lehrer. Es mag für jeden Aspekt des Lebens eine Theorie geben, aber es gibt keine Theorie, die das gesamte Leben umfasst. Wer nach einer Theorie oder einem Lehrer für das gesamte Leben sucht, sucht nach einer Sekte.

2. Was ist Bildung?

Diese Frage muss sich fast jeder irgendwann stellen, weil es früher oder später wegen der Kinder notwendig sein wird. Erziehen und Bilden heißt einfach, zu lehren, wie man Konzepte ausdrückt. Selbst ein Mensch ohne jede Bildung besitzt eine Vielzahl an Konzepten, denn ohne Konzepte kann man nicht handeln. Aber ohne Bildung kann man seine Konzepte weder für andere verständlich ausdrücken noch darüber kommunizieren, und folglich auch die Konzepte anderer nicht verstehen. Ohne Bildung kann man andere Menschen und seine Umwelt nicht verstehen und lebt in seiner eigenen kleinen Welt. Solche Menschen werden unter bestimmten Umständen immer wieder Kämpfe oder Kriege anzetteln.

Erziehung und Bildung sind also notwendig, um eine gut funktionierende Gesellschaft zu erschaffen. Konzepte drückt man am einfachsten durch Sprechen oder Schreiben aus, und deshalb sind diese beiden Fertigkeiten auch die Grundlage der Bildung in jeder Gesellschaft. Man kann Konzepte auch mit Musik oder Tanz etc. ausdrücken, was man dann Kunst nennt. Drückt man sie mithilfe von Formeln und Bildern aus, spricht man von Mathematik.

3. Die Funktion der Sprache

Worte erfüllen zwei Funktionen. Zum einen beschreiben sie die Welt, zum anderen dienen sie der Manipulation der Gedanken und Gefühle anderer. «Die Welt» bezieht sich hier wohlgemerkt auf die Welt sowohl außerhalb als auch innerhalb des Körpers. Indem wir die Welt mit Worten beschreiben, können wir mit unseren Mitmenschen kommunizieren. Dies sollte eigentlich die Hauptaufgabe der Sprache sein, aber im Alltag dient sie nur allzu oft der Manipulation der Gefühle und Gedanken anderer. Natürlich ist dies in gewissem Sinn sogar notwendig, um das richtige Funktionieren einer Gesellschaft zu gewährleisten, aber es besteht die Gefahr, dass man die Bedeutung der Worte verändert und verformt und so zur Verwirrung in der Welt beiträgt. Diese Verwirrung zeigt sich darin, dass nicht wenige Menschen nicht wirklich wissen, was sie eigentlich sagen. Stattdessen verwenden sie Sprache, um etwas zu erhalten, ein bestimmtes Gefühl hervorzurufen oder eine Beziehung zu manipulieren.

4. Die Grenzen der Sprache

Klar sollte jedem sein, dass jede Sprache die Philosophie und Kultur ihres zugehörigen Landes widerspiegelt, und deshalb gibt es immer auch Dinge, die man in bestimmten Sprachen *nicht* ausdrücken kann. Zum Beispiel kann man in den europäischen Sprachen durchaus formulieren, «wie» man leben, nicht aber, «was» man leben sollte. Sprachlich korrekt wird man sagen: «*Wie* soll ich leben?», und damit bereits unvermeidlich denken: «Wie soll ich etwas *tun*?» Dadurch aber entgeht einem die eigentliche Frage, nämlich: «*Was* soll ich in meinem Leben tun?» Die Sprache selbst beschränkt hier also die gedanklichen Fähigkeiten des Menschen.

Im Japanischen gibt es keine Wörter, die unserem «konzipieren» und «wahrnehmen» entsprechen. Es gibt zwar künstlich geschaffene Wörter, damit man Bücher aus dem europäischen Sprachraum übersetzen kann, aber die Japaner verwenden diese Wörter nicht in ihrem Alltag. Im Leben von Japanern spielen diese beiden Dinge folglich keine große Rolle. Man kann das Buch, das Sie gerade lesen, nicht ins Japanische übersetzen. Ich müsste von Anfang an alles neu auf Japanisch schreiben, und das würde Jahre dauern.

5. Wie das Gehirn funktioniert

Das System in Ihnen nimmt die Welt wahr und entscheidet, mit welchem Konzept Sie die Information erkennen und verarbeiten. Die Information, zusammen mit dem Konzept, entscheidet das Handeln innerhalb des gesamten Systems. Da Sie nicht wissen können, *wie* Ihr System funktioniert, können Sie nur auf eine Art herausfinden, ob es gut funktioniert oder nicht, und das ist durch Meditation. Während der Meditation kommt keine Information von außen, jegliche Information kommt nur aus den eigenen Handlungen oder den Bewegungen des eigenen Systems. Ihr Gehirn arbeitet noch eine Zeit lang weiter, um ein perfektes System zu bilden. Ist das erreicht, muss es nicht weiterarbeiten, weil es nichts mehr zu tun gibt, solange von außen keine neue Information eintrifft. Es gibt weder Erkennen noch Handeln, und so haben Sie das Gefühl, das Gehirn habe seine Arbeit eingestellt. Das System ist perfekt.

Wenn Sie die Augen schließen und allein und bewegungslos an einem ruhigen Ort verweilen, erreicht Sie keine Information von außen. Das Einzige, was dann geschieht, ist, dass Ihr System sich beim Verarbeiten von Informationen bewegt. Beim Meditieren erschaffen Sie sozusagen Ihr System neu. Ohne Handeln und ohne Erkennen ist das System perfekt, und es entsteht ein neues Konzept. Der Wert des Lebens liegt im Erschaffen von Konzepten, nicht im

Handeln oder Wahrnehmen. Das ist Kultur, Kunst und Wissenschaft.

6. Das Gute in jemandem sehen

Fast jeder kennt diese Maxime, aber die wenigsten halten sich daran, weil wir wissen, dass wir uns vor anderen besser schützen können, wenn wir ihre negativen Seiten kennen und so vor möglichen Gefahren gewarnt sind. Wenn wir nur die guten Seiten von jemandem sehen, verlieren wir die schlechten und gefährlichen Seiten leicht aus den Augen und setzen uns dadurch Risiken aus. Um der eigenen Sicherheit willen achten wir daher meist nur auf die negativen Seiten anderer. Die Lösung des Dilemmas ist, jederzeit alles vollständig wahrzunehmen. Wenn Sie dann jemandes gute Seiten betrachten, nehmen Sie dennoch auch alles andere wahr und sind sich daher auch der negativen Aspekte bewusst. Sie begeben sich nicht in Gefahr, weil Sie alle Seiten der Person erkennen.

Vollständige Wahrnehmung heißt: Sie ist eins und umfassend. Das heißt gleichzeitig, auch wenn Sie sich beider Aspekte – guter und schlechter Seiten – bewusst sind, nehmen Sie auf unterschiedliche Weise wahr, je nachdem, ob Sie jemandes gute oder schlechte Seiten betrachten. Sehen Sie primär die guten Seiten, basiert Ihr Handeln auf den guten Aspekten, ohne dass Sie die schlechten oder gefährlichen aus den Augen verlieren. So trägt Ihr Handeln dazu bei, die Welt zu einem besseren Ort zu machen.

7. Das Leben ist nicht umkehrbar

Die Wissenschaft, die wir heute in der Schule lernen, ist zum größten Teil eine Wissenschaft umkehrbarer Vorgänge. Umkehrbare Vorgänge bedeutet Lernen durch Versuch und Irrtum. Wenn Sie zum Beispiel Ihre Waschmaschine reparieren wollen, machen Sie zunächst einen Versuch, und wenn es nicht klappt, versuchen Sie etwas anderes. Wenn die Maschine dann immer noch streikt, bauen sie sie wieder so zusammen, wie sie war: unrepariert. Schließlich rufen Sie einen Fachmann. Das Reparieren einer Maschine ist also ein umkehrbarer Prozess – das Leben jedoch nicht. Wenn Sie erst einmal etwas getan haben, können Sie es nicht mehr ungeschehen machen. Darum ist es gefährlich, Prinzipien, die Sie in der Schule gelernt haben, auf das Leben anzuwenden. Viele tun dies aber unbewusst, weil sie nur über Schulwissen verfügen. Um diesen Fehler zu vermeiden, ist es notwendig, meditieren zu lernen. Meditation ist das Studium des Lebens, das Sie leben. Und Meditation wird Sie eine Theorie lehren, die vollkommen anders ist als wissenschaftliche Theorien.

8. Freundschaft ist ein Feind des Friedens

Für gewöhnlich hält man Freundschaft für etwas Gutes. Diese Vorstellung ist so weit verbreitet, dass sie in fast allen Ländern akzeptiert ist. Wenn Sie aber die Geschichte der Menschheit genauer betrachten, sehen Sie, dass Freundschaft ein relativ neues europäisches Konzept ist. Wenn Sie alte europäische Texte lesen, finden Sie das Wort nicht sehr oft, und wenn es verwendet wird, bedeutet es etwas anderes. Ein Freund ist das Gegenteil von einem Feind. Dieses Verständnis wird durch den Ausspruch «Der Freund meines Feindes ist mein Feind» klar. Wenn Sie also das Konzept «Freundschaft» akzeptieren, akzeptieren Sie damit auch das Konzept «Feindschaft». Wie aber können Sie den Weltfrieden verstehen, wenn Sie akzeptieren, dass Sie Feinde haben?

Manch einer argumentiert mit Worten wie: «Wir versuchen, mit allen Menschen befreundet sein.» Wer aber sind alle? Dies ist eine schwierige Frage. Ist es überhaupt möglich, mit allen befreundet zu sein? Wenn Sie «alle» sagen, so meinen Sie in Wirklichkeit «alle, die ich kenne». Nur jemand, den Sie kennen, kann Ihr Freund sein. Da es aber unmöglich ist, die gesamte Menschheit zu kennen, können Sie nicht mit allen Menschen befreundet sein. Also werden Sie auch Feinde haben.

Sie können zu jedem Menschen freundlich sein, aber das bedeutet nicht, dass Sie miteinander befreundet sind. Sie können auch ein gutes Verhältnis zur ganzen Welt haben, ohne dies als Freundschaft zu bezeichnen. Eine echte, angemessene Beziehung basiert auf gegenseitigem Respekt und nicht auf Freundschaft. Was aber ist Respekt? Respekt heißt, dass Sie verstehen, dass Sie andere nicht verstehen können. Wenn Sie sich bewusst sind, dass Sie andere nicht verstehen können, beginnen Sie, sie zu respektieren. So haben Sie auch die richtige Beziehung zur Welt. Wenn Sie dann mit etwas oder jemandem in näheren Kontakt kommen, haben Sie ihm oder ihr gegenüber eine warmherzige Einstellung. Diese Haltung mag wie Freundschaft aussehen, ist aber etwas anderes.

9. Zweifel und Vertrauen

An Lehrern habe ich schon immer Zweifel gehegt. Aber wenn ich zweifle, kritisiere ich nicht, sondern arbeite hart daran, die Wahrheit zu entdecken. Zweifel in diesem Sinn ist etwas Positives. Zweifel haben bedeutet nicht, kein Vertrauen zu haben, sondern Zweifel an Gedanken zu haben. Nur Gedanken können richtig oder falsch sein. Sie müssen sowohl an Ihren eigenen Gedanken als auch den Gedanken anderer zweifeln. Natürlich ist ein Mensch sehr viel mehr als nur Gedanken. Ich würde sagen, die Gedanken machen nur etwa fünf Prozent einer Person aus; das bedeutet, dass man 95 % einer Person Vertrauen schenken und 5 % anzweifeln kann. Deswegen kann ich Zweifel hegen an dem, was Sie sagen, und Ihnen gleichzeitig vertrauen. Vertrauen bedeutet, sich bei jemandem sicher zu fühlen. Das ganze Ich ist bei dieser Person in Sicherheit. Dazu müssen Sie zunächst Vertrauen in das Universum haben, und dieses Vertrauen kommt aus der Sicherheit, die Eltern ihrem Baby geben.

Es ist äußerst wichtig, dass man Menschen vertrauen kann – dem Guten, der Liebe, dem Frieden, der Harmonie, der Schönheit, der Kommunikation etc. Dieses Urvertrauen wird im Kleinkindalter gebildet. Dazu sind gute Eltern erforderlich. Manche Kinder haben schlechte Eltern, und dies kann tragische Folgen haben, weil sie dann dieses Vertrauen in Menschen, in die Liebe, in Beziehungen etc. nicht entwickeln. Dann müssen andere Leute oder Therapeuten helfen.

10. Menschlichkeit und Menschsein

Politiker sprechen oft von Menschlichkeit oder Humanität, aber was ist das überhaupt? Oft genug ist es nur sentimentale und emotionale Stimmungsmache. «Menschlichkeit» bezeichnet das Wesen des Menschseins, und das ist nicht ganz leicht zu verstehen.

Wissenschaftler, Soziologen und Psychologen versuchen das Menschsein zu verstehen, indem sie andere beobachten. Das ist aber keine gute Idee, weil wir das Innere anderer nicht wahrnehmen können. Wir können nur Vermutungen anstellen, aber wir können so etwas Ernstes und Wichtiges wie das Menschsein nicht aufgrund bloßer Vermutungen verstehen. Beim Betrachten der Geschichte der Menschheit stellt man fest, dass es immer irgendwo auf der Erde Krieg gegeben hat, und man mag so zu dem Schluss kommen, dass Kämpfen ein Teil der menschlichen Natur ist.

Um das Menschsein zu verstehen, müssen wir uns selbst im Alltag beobachten. Unser Innenleben können wir permanent wahrnehmen. Und es ist dies der einzige Weg, das Menschsein zu studieren. So beginnen wir, unser eigenes Wesen zu verstehen. Wenn ich mein eigenes Wesen verstehe, werde ich auch das Wesen anderer verstehen. Wenn ich tief in mich hineinblicke, erkenne ich, dass ich nicht kämpfen will, sondern nach Frieden und Harmonie strebe. Dann kann ich sagen, dass Frieden und Harmonie ein Teil des Menschseins ist. So kann man das Menschsein wirklich verstehen.

7
Richtig und falsch

1. «Was tue ich?» oder «Wie tue ich es?»

Normalerweise werden Sie denken, dass «Was tue ich?» und «Wie tue ich es?» zwei verschiedene Dinge seien. Aber worin unterscheiden sie sich im wirklichen Leben?

«Ich sitze im Auto, schnalle mich an, schaue, dass die Handbremse angezogen und kein Gang eingelegt ist. Dann drehe ich den Zündschlüssel, und wenn der Motor anspringt, lege ich den ersten Gang ein, löse die Handbremse und fahre vorsichtig los.»

Beschreibe ich damit, «wie ich es tue (wie man Auto fährt)» oder «was ich tue (was ich tue, wenn ich mit dem Auto losfahre)»? Das hängt von Ihrer Interpretation ab. Wenn Sie wissen wollen, wie man Auto fährt, stellen Sie sich das Ergebnis (das Fahren) vor und verknüpfen jede Handlung mit dieser Vorstellung. Wollen Sie aber nur beschreiben, was ich im Auto tue, so betrachten Sie einfach nur jede einzelne meiner Handlungen.

Wenn Sie jeden Augenblick im Leben wahrnehmen, gibt es nur «Was tue ich?». Ein «Wie tue ich es?» gibt es dann nicht. «Wie tue ich es?» bedeutet, dass Sie jede Handlung in Bezug setzen zu einem zukünftigen Ergebnis. Das heißt, Sie zerlegen die Handlung in kleine Teile und versuchen sie mithilfe des Denkens wieder zusammenzusetzen, was der Vorstellung geschuldet ist, Handlungen müssten vom Denken gesteuert werden. In Wirklichkeit ist das Denken jedoch ein Teil der Handlung. Die Frage «Wie soll ich etwas tun?» ist also eine Illusion, die auf dem Missverständnis beruht, das Denken würde das Handeln steuern.

2. Richtig und falsch

Oft stelle ich jemandem die Frage: «Was ist richtig und was ist falsch?», und stets höre ich: «Es gibt nichts, was absolut richtig oder falsch ist. Alles ist relativ und abhängig von der Meinung jedes Einzelnen.»

Diese Einstellung ist sehr gefährlich, denn sie bedeutet, dass Sie Ihren relativen Wünschen gemäß leben und Ihre Spiritualität verlieren. Sie leben gemäß Ihren Gedanken und Gefühlen, und da diese sich ständig verändern, stören sie andauernd Ihr Leben. Als Reaktion darauf beginnen Sie, Ihre Gedanken und Gefühle durch Prinzipien und Regeln unter Kontrolle zu halten, aber da diese Prinzipien und Regeln sich von denen anderer Leute unterscheiden, beginnen Sie zu kämpfen. Auf lange Sicht gesehen führt diese Einstellung zu Krieg.

Was ist dann also richtig und falsch? Wenn ein Gedanke mit der Wirklichkeit übereinstimmt, ist dieser Gedanke richtig. Wenn nicht, ist er falsch. Wenn ich sage, die Hauptstadt der Vereinigten Staaten sei New York, werden Sie sagen: «Das ist falsch, sie haben unrecht.» Weil mein Gedanke nicht mit der Wirklichkeit übereinstimmt, ist er falsch, und wenn ich falsche Gedanken habe, sagen Sie, dass ich damit falschliege. Im Englischen sagt man sogar, ich *sei* falsch («you are wrong»). Der Punkt ist, dass nur Gedanken richtig oder falsch sein können. Handlungen oder Menschen können nicht richtig oder falsch sein. Wenn man im Englischen für gewöhnlich sagt, jemand *sei* falsch, so meint man damit eigentlich, dass seine Gedanken falsch sind. Man verwechselt den Menschen mit seinen Gedanken, weil man glaubt, Menschen würden ihren Gedanken entsprechend handeln.

Es ist nicht so wichtig, richtige Gedanken zu haben, und es ist auch nicht so wichtig, recht zu haben. Wichtig ist, dass Sie wissen, wenn Sie unrecht haben, und es ist wichtig, dass Sie wissen, wenn ein Gedanke falsch ist. Falsche Gedanken führen zu Verwirrung in Ihnen und in Ihren Handlungen, weil sie der Wirklichkeit widersprechen, und wenn Ihre Handlungen von falschen Gedanken beeinflusst werden, entsteht Verwirrung in der Welt. Daher haben Sie die verantwortungsvolle Aufgabe, falsche Gedanken zu eliminieren. Dazu müssen Sie die Wirklichkeit wahrnehmen, ohne sie zu benennen. Dies nennt man Meditation.

3. Gleich oder verschieden

Viele Leute sagen zu mir: «Was Sie unterrichten, ist doch das gleiche wie dies oder das». Dieses «dies oder das» ist mal irgendeine Therapie, mal eine Meditationstechnik, mal ein indischer Meditationslehrer, mal ein Philosoph. Meine Antwort ist immer: «Nein, das, was ich unterrichte, ist ganz anders.» Aber oft sehen die Leute den Unterschied nicht oder wollen einfach glauben, dass das, was ich unterrichte, das gleiche sei wie etwas, was sie schon kennen.

Ich frage mich immer wieder, wieso so viele Leute glauben wollen, dass zwei Dinge gleich seien. Wenn Sie einen Unterschied zwischen zwei Dingen sehen, sagen Sie, sie seien verschieden, und wenn Sie die Gemeinsamkeiten sehen, sagen Sie, sie seien gleich. Wenn Sie also sagen, zwei Dinge seien gleich, dann wollen Sie Gemeinsamkeiten finden. Das heißt, dass Sie sich mit einer einzigen Sache zufriedengeben und nicht daran interessiert sind, andere Aspekte des Lebens kennenzulernen. Wenn Sie zwei Dinge als gleich bezeichnen, wollen Sie dabei bleiben, was Sie kennen, weil das gut für Sie ist. Man kann das durchaus verstehen. Wenn Sie etwas gut und interessant finden, bleiben Sie lieber dabei und interessieren sich nicht dafür, anderes kennzulernen.

Alles auf unserer Welt ist einzigartig, aber zugleich hat alles auch gewisse Ähnlichkeiten. Es kommt auf Sie an, ob Sie Gemeinsamkeiten oder Unterschiede sehen. Neben den Dingen, die Sie kennen, gibt es auch andere. Allermindestens sollten Sie die Unterschiede erkennen. Später werden Sie dann vielleicht sogar bemerken, dass Sie den Teil der Welt, der sich von Ihrer Welt unterscheidet, sogar benötigen.

4. Mein Englisch oder Ihr Englisch

Was heißt eigentlich «jemanden verstehen»? Jetzt gerade versuchen Sie den Autor dieses Buchs zu verstehen. Aber was genau tun Sie, wenn Sie versuchen, mich zu verstehen? Wenn ich Japanisch spreche, müssen Sie Japanisch lernen, um mich zu verstehen. Wenn ich Englisch spreche, müssen Sie Englisch lernen. Jetzt denken Sie vielleicht, dass Sie kein Englisch mehr lernen müssten, weil Sie es schon können. Aber verstehen sie Shakespeares Englisch wirklich? Verstehen Sie das Englisch von jedem, der Englisch spricht? In der Tat spricht jeder ein anderes Englisch, und das ist keine Frage von Dialekt oder Standardsprache.

Eine Sprache besteht aus vielen Worten, und jedes Wort entspricht einer Wirklichkeit. Dies nennt man die Bedeutung eines Wortes. Diese Bedeutung findet man aber nicht wirklich in einem Wörterbuch. Ein Wörterbuch ist nur eine ungefähre Sammlung der verschiedenen Bedeutungen eines Wortes. Aber jeder Mensch hat für seine Worte seine eigenen Bedeutungen, je nach dem Leben, das er führt. Genau genommen spricht jeder Mensch seine eigene Sprache. Jemanden zu verstehen, heißt also, seine Sprache zu lernen. Mein Englisch zu lernen, ist sicher einfacher, als Japanisch zu lernen, aber trotzdem müssen Sie es erlernen. Verstehen heißt also lernen.

Und was geschieht, wenn Sie mich verstanden haben? Mich zu verstehen heißt, mein Englisch zu lernen. Wenn das, was Sie verstanden haben, Ihnen in Ihrem Leben hilft, werden Sie meine Worte mit meiner Bedeutung weiterverwenden, und die Leute um Sie herum werden mit der Zeit dasselbe tun, was dazu führen wird, dass sich die englische Sprache verändert. So verändert sich eine Sprache mit der Zeit. Fast überall auf der Welt gibt es das Wort TV. Weil viele Menschen auf der Welt das TV mögen, haben sie auch das Wort dafür übernommen und akzeptiert, und die Sprache auf der ganzen Welt hat sich dadurch verändert. So entwickelt sich Sprache. Viele englische Wörter stammen ursprünglich aus dem Französischen, weil früher die französische Kultur in England sehr beliebt war. Heute wiederum beginnen die Franzosen damit, englische Elemente in ihrer Sprache zu verwenden.

5. Objektivität und Subjektivität

In unserer Gesellschaft kennt man nur die objektive und die subjektive Methode, die Welt zu betrachten. Beide Möglichkeiten sind jedoch begrenzt – durch das Objekt der Betrachtung selbst und durch den gewählten Blickwinkel. So entsteht bei Diskussionen oft ein Durcheinander, weil Sie sich zu zuerst einigen müssen, worüber Sie diskutieren wollen und aus welchem Blickwinkel. Kein Wunder, dass es bei manchen Diskussionen dann keine sinnvollen Ergebnisse gibt.

Der Weg der Meditation ist ein vollkommen anderer. Er ist ein absoluter Weg, die Welt zu betrachten, ohne jede Auswahl. Sie schauen auf die ganze Welt zugleich. Sie wählen kein Objekt, auf das Sie schauen, und sind daher weder objektiv noch subjektiv. Es gibt keinen Blickwinkel, keinen Standpunkt, denn der einzig mögliche Standpunkt ist dort, wo Sie sich befinden. Dann wird auch Ihre Handlung absolut, weil sie direkt aus der absoluten, vollständigen Wahrnehmung der Welt einschließlich Ihres eigenen Inneren kommt.

6. Tun, was Sie sagen, oder sagen, was Sie tun

Von früher Kindheit an wurden Sie angehalten, das zu tun, was Sie zuvor gesagt haben. Das fing schon schon ganz früh an, als Ihre Eltern Sie fragten, wie viele Kartoffeln Sie essen wollten. Eigentlich wussten Sie es nicht, aber um die Eltern zufriedenzustellen, sagten Sie: «Drei.» Beim Essen haben Sie dann gemerkt, dass zwei genug waren, aber nun hatten Sie ein Problem mit den Eltern. Die sagten nämlich: «Du hast ‹drei› gesagt, also musst du jetzt auch drei essen.» Nach und nach haben Sie also gelernt, zu tun, was sie zuvor gesagt haben, und Sie haben gleichzeitig gelernt, sich zu etwas zu zwingen, und dadurch Anspannungen in Ihrem Körper angesammelt.

Jetzt als Erwachsene sind Sie in der Lage, das meiste, wovon Sie gesagt haben, es tun zu wollen, auch zu tun, aber jedes Mal entsteht dabei wiederum eine kleine Anspannung, und diese Anspannungen addieren sich im Körper auf. Was können Sie tun, um diesen Zustand zu ändern? Als Erstes: gar nichts tun. So verstehen Sie das angenehme Gefühl, entspannt zu sein. Dann gilt es herauszufinden, wie Sie in dieser Entspannung bleiben können. Dazu müssen Sie in der Lage sein, zu «tun», ohne zu entscheiden, «was». So lernen Sie, frei von Ihren eigenen Entscheidungen zu sein. Entscheidungen sind lediglich Gedanken, und Sie sind frei von Ihren eigenen Gedanken.

Die Leute um Sie herum wollen immer wissen, was Sie in der Zukunft tun werden, und erwarten eine Antwort darauf. Um diese Fragen beantworten zu können, müssen Sie in der Lage sein zu vermuten, was Sie in der Zukunft möglicherweise tun werden. Wenn Sie sich selbst gut kennen, werden Sie allmählich verstehen, wie Sie sich in bestimmten Situationen verhalten werden. Dann können Sie sagen, was Sie tun werden, und dennoch frei sein von dem, was Sie gesagt haben.

Versuchen Sie anfangs, so wenig Antworten wie möglich zu geben. Sie machen sich dies leichter, wenn Sie sich eine Zeit lang von den anderen zurückziehen. Je weniger Verpflichtungen Sie gegenüber anderen eingehen, desto besser können Sie sich darauf konzentrieren, sich selbst zu beobachten. Tun Sie das beständig, und Sie werden beginnen, sich selbst zu kennen, und können Ihre zukünftigen Handlungen präzise vorhersagen. Auf diese Weise können Sie ein Leben in Freiheit führen.

7. Schlussfolgerungen statt Entscheidungen

Wenn ich von einem Leben ohne Entscheidungen spreche, meine ich damit das innere Leben, nicht das Leben in der Gesellschaft. In der Gesellschaft ist es notwendig, gemeinsam Entscheidungen zu treffen, um ein harmonisches Zusammenleben zu gewährleisten. Was aber geschieht im inneren Leben? Wenn Sie innen und außen zugleich wahrnehmen, werden Sie feststellen, dass alles, was Sie wahrnehmen, und auch manches, was Sie nicht wahrnehmen, zusammenwirkt, um zu einer Schlussfolgerung zu gelangen. Aus dieser Schlussfolgerung entsteht eine konkrete Handlung, und Sie können sagen: «Ich habe mich entschieden, zu ...».

8. Führen und Manipulieren

Im Alltag ist es oft schwer, den Unterschied zwischen Führen und Manipulieren zu sehen. Sie mögen glauben, dass Sie führen, aber tatsächlich manipulieren Sie andere. Es ist also wichtig, den genauen Unterschied zu kennen.

Der Hauptunterschied ist: Sie wissen, wen Sie manipulieren und was Sie damit bezwecken, aber sie wissen nicht, wen Sie führen und warum. Sie manipulieren immer mit einer Absicht, wohingegen das Führen unwillentlich geschieht. Sie können andere manipulieren, wenn deren Interesse und Ihres zusammenpassen. So kann ein Manager die Arbeiter dahingehend manipulieren, dass sie besser arbeiten, weil jeder gern besser arbeitet, wenn die Möglichkeit besteht, dass beide Seiten am Ende mehr Geld verdienen. Aber Ihre Familie können Sie auf diese Weise nicht manipulieren, weil die Interessen jedes Einzelnen zu verschieden sind. Dann erkennen Sie, dass führen sinnvoller ist als manipulieren. Was aber ist führen? Für gewöhnlich glaubt man, führen heiße, andere dazu zu bringen, etwas zu tun, was gut für sie ist. Aber ich kann nicht wissen, was andere tun sollten. Wenn ich unbewusst versuche, andere dazu zu bringen, zu tun oder zu sein, was ich selbst für richtig halte, wird es unvermeidlich zu Manipulation. Ich kann aber sehr wohl wissen, was ich selbst tun sollte, wenn ich mich und die Welt um mich herum beständig wahrnehme. Mein Handeln ist in der Tat eine unausweichliche Folge dieser Wahrnehmung, also sollte ich in meinem Leben so handeln. Dann sehe ich, dass alle meine Handlungen andere Menschen beeinflussen und ich absichtslos andere Personen verändere. Ich wähle nicht aus, wen ich beeinflusse, und ich kenne auch das Ergebnis nicht. Ich bemerke lediglich, dass ich die Welt um mich herum verändere.

Wenn ich mit jemandem in Kontakt stehe, höre ich ihm natürlicherweise zu. Während ich ihm zuhöre, verändert sich sein Geist, weil mein Geist und sein Geist auf denselben Punkt ausgerichtet sind. Wenn mein Geist ruhiger ist als seiner, wird mein Geist automatisch den seinen führen, und das ist im Leben die einzige Art, dies zu tun.

9. Kommunikation und Wirklichkeit

Kommunikation ist etwas sehr Wichtiges, aber was kommunizieren Sie? Wenn Sie Ihre Gedanken kommunizieren, wird die Kommunikation nicht sehr effektiv sein, weil Sie nur versuchen, den anderen zu überzeugen. Der wird möglicherweise nicht der gleichen Meinung sein, Sie werden streiten, und die Kommunikation endet. Wenn Sie versuchen, Ihre Gefühle zu kommunizieren, erwarten Sie Mitgefühl, und wenn Sie das nicht bekommen, sind Sie frustriert, denn schließlich erwarten Sie beim Kommunizieren von Gefühlen eine Rückmeldung. Beide Varianten der Kommunikation basieren auf dem Konzept, Handlungen entstünden durch Gedanken und Gefühle.

Tatsächlich aber entsteht Handlung aus Wahrnehmung. Die einzig richtige Kommunikation ist darum die Kommunikation der Wirklichkeit. Warum die Wirklichkeit kommunizieren? Weil Handlung auf der Wahrnehmung der Wirklichkeit beruht, und indem Sie die Wirklichkeit kommunizieren, tragen Sie dazu bei, das Leben anderer auf rechte Weise zu verändern.

10. Erziehung und Konventionen

Wenn Sie Kinder haben, fragen Sie sich vielleicht manchmal, ob sie gut genug erzogen sind. Tatsache ist aber, dass die meisten Erwachsenen nur Konventionen folgen und selbst eigentlich gar nicht erzogen sind. Wenn die Eltern gut erzogen sind, sind die Kinder das auf ganz natürliche Weise auch. Wenn aber die Eltern nur Konventionen folgen, werden die Kinder die Konventionen der Elterngeneration hassen. Konventionen sind Übereinkünfte innerhalb einer Gesellschaft, und es ist völlig normal, dass sie sich von Generation zu Generation verändern. Konventionen haben daher keinen moralischen oder spirituellen Wert. Wenn Eltern den Unterschied zwischen Erziehung und Konventionen nicht kennen, ist es ganz normal, wenn die Kinder ihnen nicht zuhören. Der einzige Weg, Kinder zu erziehen, ist, sich selbst zu erziehen.

11. Gute und schlechte Verfassung

Sportler zeigen manchmal gute und manchmal schlechte Leistungen und führen das auf ihre körperliche und/oder geistige Verfassung zurück. Wieder einmal trennen sie Geist und Körper. Wie können wir dann aber erklären, warum ihre Leistung, auch technisch betrachtet, so sehr variieren kann?

Das hängt damit zusammen, dass sie sowohl viele Konzepte bezüglich guter als auch solche bezüglich schlechter Technik in sich tragen. Wenn sie körperlich und mental stark sind, verwenden sie aus guter Gewohnheit bzw. dank des richtigen Trainings die richtige Technik. Sind sie aber in schlechter Verfassung, kommen sie durcheinander und verlieren diese gute Gewohnheit. Dann tauchen die schlechten Konzepte auf und führen zu schlechter Technik.

Es ist daher notwendig, dass Sie die Konzepte verstehen und Ordnung darin schaffen. Dann entstehen zwischen ihnen keine Konflikte und Sie können gute Technik auch dann zeigen, wenn Ihre Verfassung mal nicht so gut ist.

8
Gewohnheiten

1. Entscheiden

Haben Sie sich jemals gefragt, wie Sie Entscheidungen treffen? Von der Logik her gesehen sollten Sie eigentlich wissen, wie Sie Ihr Leben führen und Entscheidungen treffen, die damit harmonieren. Aber sich klarwerden darüber, wie Sie leben sollen, ist nicht leicht, und erkennen, wie Ihre Entscheidungen Ihr Leben beeinflussen, auch nicht.

Deshalb entscheiden Sie sich vorzugsweise so, dass Sie mehr Vergnügen und weniger Schmerz erleben. So fallen die Entscheidungen leichter, selbst wenn diese Entscheidungen nicht mit Ihrem Leben oder dem, was Sie im Leben wirklich wollen, harmonieren. Genau das aber macht das Entscheiden so schwierig. Da Sie das Leben mit Worten nicht wirklich beschreiben können, können Sie Worte auch nicht zu Hilfe nehmen, um zu einer richtigen Entscheidung zu gelangen. Darum sollten Sie in der Lage sein, ohne Worte korrekt zu handeln. Im Bereich der Kunst ist das möglich. Im Theater, in der Musik, im Tanz, in der Malerei und Bildhauerei gibt es korrekte und unkorrekte Handlungen. Ihr Sinn für Harmonie lässt Sie klar erkennen, ob Ihre Handlungen korrekt sind oder nicht. Es ist also möglich, im Leben sowohl korrekt zu handeln als auch einen Sinn für Harmonie zu entwickeln.

Der einzige Unterschied zwischen der Kunst und dem Leben ist, dass das Leben in Raum und Zeit sehr viel umfassender ist. Darum ist es zwar schwieriger, im Leben einen Sinn für Harmonie zu entwickeln, aber es ist möglich, wenn Sie sich bemühen.

Denken Sie nur an einige der Fehler, die Sie in der Vergangenheit gemacht haben. Die meisten Fehler sind passiert, weil Sie etwas nicht wussten oder nicht daran gedacht haben. Mit einem freien Geist jedoch sind Sie offen für alles, wissen mehr und denken auch mehr. Dann werden auch Ihre Handlungen besser.

2. Illusion

Ein Großteil der Menschen lebt in einer Welt der Illusion, was bedeutet, dass sie sich nicht darüber im Klaren sind, dass ihre Wahrnehmung von ihren Konzepten abhängt. Natürlich kann niemand alles sehen; jeder sieht das, was seinen Konzepten entspricht. Der Unterschied ist: Kennen Sie Ihre eigenen Konzepte oder kennen Sie sie nicht? Wenn Sie sie kennen, dann leben Sie in der realen Welt; kennen Sie sie nicht, leben Sie in einer Welt der Illusion.

3. Interpretieren

In der Schule lernen Sie, Phänomene mithilfe von Theorien zu interpretieren. Das hilft zwar, all die Theorien zu verstehen, die unsere Vorfahren erschaffen haben, allerdings dient Schulbildung hauptsächlich der Erhaltung der Tradition, und dies führt dazu, dass Sie nur Dinge erkennen, die sich durch die bereits bekannten Theorien interpretieren lassen, nicht aber die, die sich auf diese Weise nicht interpretieren lassen. Das Ergebnis ist eine verzerrte Weltsicht, die man im Bereich der Meditation für gewöhnlich als «Leben in einer Welt der Illusion» bezeichnet. Ein wichtiger Bestandteil der Meditation ist es nämlich, Dinge zu erkennen, ohne sie mithilfe einer Theorie zu interpretieren. Das ist genau die Haltung eines kleinen Kindes. Und alle großen Errungenschaften und Erfindungen des Menschen sind aus dieser Haltung entstanden, in die Welt zu schauen, ohne sie durch bereits bestehende Theorien zu interpretieren.

4. Kann man zwei Dinge gleichzeitig tun?

Ich will ein Notebook kaufen und gehe in einen Laden. Es kommt vor, dass der Verkäufer dort gerade mit einem anderen Kunden spricht. Wenn ich dann sehe, dass der Kunde lange brauchen wird, um zu einer Kaufentscheidung zu gelangen, frage ich den Verkäufer zwischendurch, ob in diesem Laden überhaupt Notebooks erhältlich seien. Wenn die Antwort Ja ist, warte ich, lautet sie Nein, gehe ich in ein anderes Geschäft. Oft aber ist es so, dass der Verkäufer ungehalten reagiert: «Sehen Sie nicht, dass ich gerade mit diesem Kunden beschäftigt bin? Sie müssen schon warten, bis ich fertig bin.» Dann rechtfertigt er sich, indem er noch sagt: «Ich kann schließlich nicht zwei Dinge gleichzeitig machen.» Ich finde das ausgesprochen seltsam, denn es ist doch viel leichter, einfach nur Ja oder Nein zu sagen, anstatt so viel Zeit aufzuwenden, um mich zurechtzuweisen.

Vermutlich liegt es daran, dass solche Leute sich mittels ihrer Gedanken steuern. Dann ist immer eine Spannung in ihnen, und sobald sie ihre Gedanken oder Handlungen verändern müssen, entsteht eine neue Spannung, und darum versuchen sie solche Veränderungen zu vermeiden.

5. Warum suchen Sie Entspannung?

Fragen Sie das einmal jemanden. Vermutlich erhalten Sie die Antwort: «Weil es angenehm ist und ich mich dabei gut fühle.» Das ist ein ganz typischer Fehler und ichbezogen. Wenn Sie glücklich sein wollen, bedeutet das, dass Sie unglücklich sind; denn wenn Sie wirklich glücklich sind, kümmern Sie sich nicht mehr um Ihr Glücklichsein. Genauso wollen Sie sich gut fühlen, weil Sie sich unglücklich fühlen. Sie wollen sich entspannen, weil Sie angespannt sind. Sie benutzen Entspannung also wie eine Therapie oder eine Arznei, und das heißt, dass Sie der Wirklichkeit Ihres Lebens entfliehen.

Die rechte Art sich zu entspannen beginnt in dem Moment, wo es nichts gibt, über was Sie sich zu beklagen hätten. Dann sind Sie bereits glücklich und entspannt. Warum aber suchen Sie die Entspannung? Sie suchen sie, weil Sie in Ihrem Leben auf die rechte Art handeln möchten. Sie entspannen sich, um die Welt auf die rechte Weise wahrzunehmen, damit Ihr Leben nicht zur Verwirrung in der Welt beiträgt. Mit anderen Worten: Entspannung ist geradezu Pflicht.

6. Wie man neue Konzepte versteht

Es ist der Körper, der neue Konzepte erschafft, nicht das Gehirn. Das Gehirn verändert nur die bekannten Konzepte und setzt sie auf verschiedene Weise neu zusammen. Deshalb bedeutet ein gut funktionierendes Gehirn auch nicht unbedingt, dass man Neues leicht versteht. Die Konzepte, die in der Wissenschaft oder im Geschäftsleben für gewöhnlich zur Anwendung kommen, sind im Allgemeinen nicht wirklich neue, sondern nur neu zusammengesetzte Konzepte. Man verwendet dieselben grundlegenden Konzepte und setzt sie auf andere Weise zusammen. Das ist die Arbeit des Gehirns. Wirklich neue Konzepte jedoch werden vom Körper als Ganzem gebildet, und der Ausgangspunkt hierfür ist stets die vollständige Wahrnehmung von allem. Aus ihr heraus kann das Gehirn schöpferisch wirken.

7. Genauigkeit mit und ohne Kontrolle

Genauigkeit kennt man für gewöhnlich nur in Bezug auf Kontrolle. Es gilt aber auch zu verstehen, was Genauigkeit ohne Kontrolle ist. Wenn Sie laufen, schwingen Ihre Arme neben dem Körper. Wenn Sie versuchen, die Arme nicht zu bewegen, kontrollieren Sie sie. Wenn Sie versuchen, sie auf bestimmte Weise zu bewegen, kontrollieren Sie sie ebenfalls. Lassen Sie zu, dass sie sich auf natürliche Weise bewegen. Mit anderen Worten: Achten Sie sehr genau darauf, keine Kontrolle auszuüben. Im Alltag kontrollieren Sie vieles ganz unbewusst. Lernen Sie, sich nicht zu kontrollieren, aber tun Sie das sehr genau und achtsam, ansonsten bleibt immer noch etwas, was Sie kontrollieren und was Ihr Leben verformt.

8. Stark sein

«Stark» ist ein Wort, das wir häufig verwenden. Wissen Sie genau, was stark sein heißt? Es gibt körperliche und geistige Stärke. Körperliche Stärke wird daran gemessen, wie sehr man einer Gegenkraft widerstehen kann. Widerstehen heißt, eine Spannung auszuhalten.

Wenn Sie etwas sehr Schweres hochheben können, halten Sie eine sehr große körperliche Spannung aus. Wenn Sie diese Spannung aushalten können, gelten Sie als stark. Physische Spannung oder Kraft steht in Zusammenhang mit der Gravitation und der Trägheit der Masse. Unbewusst verwendet man die gleiche Definition für mentale Stärke: Eine starke Person sollte in der Lage sein, starke mentale Spannung auszuhalten. Aber woher kommt diese Spannung?

Mentale Anspannung kann zwei Gründe haben. Der erste: Entscheidungsdruck. Wenn Sie eine schwierige Wahl zu treffen haben, verleihen Sie einem Aspekt mehr Gewicht und entscheiden sich dann für diesen. Erhält ein anderer Aspekt mehr Gewicht, ändert sich Ihre Entscheidung. Haben Sie sich einmal entschieden, dann versuchen Sie, nicht weiter darüber nachzudenken, um gemäß dieser Entscheidung zu handeln. Das Bemühen, an etwas nicht zu denken, bewirkt immer eine gewisse körperliche Spannung, und dies nennt man mentale Anspannung.

Der zweite Grund: Unordnung im Gehirn. Wenn etwas Ungewöhnliches passiert, muss Ihr Gehirn dies erst verarbeiten, und das braucht Zeit. Während Ihr Gehirn diese Störung verarbeitet, müssen Sie aber weiterhin handeln und arbeiten oder Ihren Alltag bewältigen. Das ist so, wie wenn man viel Lärm aushalten muss. Angesichts von Störungen weiter normal zu funktionieren führt zu geistiger Anspannung. Nehmen Sie das Gesamte vollständig wahr und erkennen Sie, dass das Gehirn damit beschäftigt ist, die Störung zu verarbeiten. Wie bei einem schweren Essen braucht auch das Verdauen einer großen Störung Zeit. Akzeptieren Sie auch, dass Ihre geistige Leistungsfähigkeit vermindert ist, während Ihr Gehirn am Verdauen ist, genauso wie Sie akzeptieren müssen, dass Ihr Körper weniger leistungsfähig ist, während Sie ein schweres Essen verdauen.

9. Zuhören

Die Meinung, dass Kommunikation dasselbe sei wie Sprechen, ist weit verbreitet. Wenn jemand nicht spricht, dann heißt es, er oder sie kommuniziere nicht, aber das ist eine falsche Sichtweise. Sie führt nämlich dazu, dass die Leute lauter unsinniges Zeug reden, nur damit man sie nicht bezichtige, unkommunikativ zu sein. Kommunikation heißt aber eigentlich zuhören. Denn wenn niemand zuhört, ergibt auch Reden keinerlei Sinn.

Kommunikation beginnt mit Zuhören. Wie kommunizieren Sie beispielsweise mit der Natur? Gehen Sie in einen Wald, lauschen Sie, und Sie werden hören, wie eine Kommunikation beginnt. Wenn Sie mit Kindern kommunizieren wollen, dann sollten Sie ihnen zuhören.

Wenn Sie jemandem zuhören, begibt sich Ihr Geist unbewusst dahin, wo sich der Geist des Sprechenden befindet. Ihr Geist und sein Geist werden eins. Das ist das Wesen der Kommunikation. Wenn Ihr und sein Geist eins ist, führen Sie den Sprechenden auf ganz natürliche Weise. So ist Zuhören dasselbe wie Führen.

Manche Leute reden lieber, als dass sie zuhören. Sie hören nicht einmal sich selbst zu. Sie sollten aber die Notwendigkeit, sich selbst zuzuhören, gut verstehen. Wenn Sie erst denken müssen und dann sprechen, können Sie sich selbst nicht zuhören. Wenn Sie aber verstanden haben, dass Handeln aus Wahrnehmen resultiert, dann können Sie sprechen, ohne zu denken. Dann können Sie auch stets dem zuhören, was Sie selbst sagen, und das, was Sie sagen, wird durch dieses Zuhören klarer und authentischer.

Wenn Sie sich selbst jederzeit zuhören können, dann können Sie auch jedem anderen zuhören, und das heißt, mit jedem kommunizieren.

10. Dimensionen des Raums

Wenn Sie die Augen schließen und wahrnehmen, können Sie Gedanken und Gefühle wahrnehmen. Wo befindet sich Ihr Denken? In Ihrem Gehirn? Wenn Sie es wirklich wahrnehmen, werden Sie feststellen, dass Sie nicht wissen, wo es ist. Wenn Sie darüber sprechen, wo sich etwas befindet, dann denken Sie in drei Dimensionen. Die Zeit kommt als vierte Dimension hinzu. Gedanken befinden sich in der fünften Dimension. Gefühle mögen in der sechsten

Dimension sein. Somit ist der Raum Ihrer Wahrnehmung multidimensional.

In der klassischen griechischen wie auch in der chinesischen Philosophie gibt es die Vorstellung, das Universum befinde sich in einem Zustand der kontinuierlichen Veränderung und Bewegung, in dem es keinerlei Stillstand gibt. Fast jeder akzeptiert das. Es trifft aber nur auf das materielle Universum zu. Materie bewegt sich und verändert sich; das Universum enthält aber auch Elemente unseres geistigen Lebens, wie Glück, Schönheit, Harmonie, Hass usw. Bewegt sich Schönheit? Sie können in Bezug auf Schönheit nicht von Bewegung sprechen, weil sie im Raum keinen Platz einnimmt. Alle geistigen Dinge befinden sich jenseits des Raums und bewegen sich nicht. Ebenso verändern sie sich nicht. Was geschieht also mit den geistigen Teilen des Universums? Sie erscheinen und sie verschwinden. Das ist die charakterisierende Eigenschaft des Geistes. Sie setzen sich an einem schönen, stillen Abend hin und schauen den Mond an. Schönheit und Harmonie erscheint vor Ihnen. Dann dreht der Nachbar laute Musik auf. Schönheit und Harmonie verschwinden und Missmut macht sich breit.

In unserem Leben ist der geistige Anteil genauso wichtig wie der körperliche. Der geistige Teil erscheint und verschwindet. Der materielle Teil ist in kontinuierlicher Bewegung und Veränderung. Geist und Körper folgen verschiedenen Prinzipien, aber beide sind Teil unser selbst.

11. Der Unterschied zwischen Meditation und Philosophie

Die Grundlage der Meditation ist die Frage: «Was sollte ich tun?», wohingegen sich die Philosophie mit der Frage «Was sollte man tun?» oder «Was solltest du tun?» beschäftigt. Wenn ich sehe, dass Sie nervös und verspannt sind, dann denke ich darüber nach, was Sie tun sollten, und sage Ihnen dann meine Meinung. Dann interessiert mich auch, ob diese meine Meinung richtig oder gut ist. Das ist der philosophische Ansatz. Bei der Meditation hingegen frage ich mich, ob ich meine Meinung äußern soll oder nicht. Sehr oft sage ich gar nichts und niemand erfährt meine Meinung.

12. Wissenschaft, Psychologie und Meditation

Ein Blick auf die europäische Geschichte des Menschen zeigt, dass die Wissenschaft vor ein paar Jahrhunderten die Religion abgelöst hat, und im Allgemeinen glaubt man heute nicht mehr an die Religion, sondern an die Wissenschaft. Zum Beispiel sind Wissenschaftler heute in der Lage, Gehirnwellen zu messen. Sie haben herausgefunden, dass verschiedene Muster von Gehirnwellen verschiedenen Zuständen von Geist und Körper entsprechen, und man beginnt jetzt, diese Information dazu zu verwenden, Geist und Körper zu trainieren. Das ist ein interessantes Verfahren, und es kann für manche Leute sehr nützlich sein, um ruhiger zu werden oder sich besser zu entspannen; aber dies gehört in den Bereich der Psychotherapie und nicht in den der Meditation. Meditation sucht nach der Wahrheit im Leben und unterscheidet sich darin von Wissenschaft und Psychotherapie. Die Frage, die sich in der Meditation stellt, ist: «Was sollte ich in meinem Leben tun?», und diese Frage kann nie mithilfe der Wissenschaft oder Psychologie gelöst werden. Anders gesagt: Wissenschaft und Psychologie können zwar die Frage beantworten, wie man etwas tun sollte, aber nicht die Frage, was man tun sollte. Dafür ist die Meditation der einzig gangbare Weg.

13. Gegen die Gesellschaft leben

Meditation ist von Natur aus der Gesellschaft entgegengesetzt. Deswegen haben sich manche Meditationsgruppen vom gesellschaftlichen Leben zurückgezogen, und man bezeichnet sie als Sekten. Das ist jedoch der falsche Weg. Man muss wissen, dass gegen die Gesellschaft zu sein nicht bedeutet, dass man gegen einzelne Personen ist. Sie sollten nie gegen eine Person sein, sondern alle Menschen lieben. Wenn Sie wirklich versuchen, Ihr eigenes Leben zu leben, stellen Sie unweigerlich fest, dass die Gesellschaft im Gegensatz zu Ihnen steht. Wenn Sie andere brauchen, die genauso denken und fühlen wie Sie selbst, werden Sie frustriert sein und sich über sie ärgern. Dann sind Sie gegen andere Personen. Wenn Sie sich aber wirklich selbst verstehen, merken Sie, dass Sie keine anderen Menschen zum Handeln brauchen. Andere müssen dann auch nicht mit Ihren Meinungen und Gefühlen übereinstimmen. So können Sie die anderen mögen und trotzdem sehen, dass Sie entgegengesetzte Gedanken und Gefühle haben. Sie befinden sich zwar im Gegensatz zur Gesellschaft, nicht aber zu einzelnen Individuen.

14. Kultur, Zivilisation und Industrialisierung

Kennen Sie den Unterschied zwischen Kultur, Zivilisation und Industrialisierung? Ich habe einmal einen Mann aus Wales gefragt, ob er ein kultivierter Mensch sei, und er antwortete mit Nein. Was er meinte, war aber eigentlich, dass er keine höhere Schule oder Universität besucht hat. Viele sehen wie er keinen Unterschied zwischen einem Diplom und der Tatsache, kultiviert oder zivilisiert zu sein. Bildung ist leichter zu verstehen.

Kultur ist der Versuch eines einzelnen Menschen, sein Leben schöner und besser zu gestalten. Wenn viele Leute in einer Gesellschaft dasselbe tun, um ihr Leben zu verbessern, bezeichnet man dies als die Kultur dieser Gesellschaft. Kultur existiert in jeder Gesellschaft und hat nichts mit Bildung oder Reichtum zu tun. In Afrika gibt es viele arme Menschen, die doch ihre eigene Kultur haben; in Europa hingegen gibt es Leute mit viel Geld und wenig Kultur. Diese Leute erfahren in ihrem Leben nur Leid, denn Kultur kann es nur geben, wenn man ein glückliches Leben führt. Wenn man glücklich ist, sucht man unabhängig vom Geld seine Art zu leben zu verbessern, und das ist wahre Kultur. Kultur kann sich zeigen in der Art, wie man sich kleidet, wie man isst oder wie man sein Haus einrichtet.

Zivilisation ist die Aktivität einer Gemeinschaft, die versucht, effizient zusammenzuleben. Sie drückt sich aus durch den Bau von Brücken, Straßen, Fabriken und das Bilden von Organisationen. Ganz offensichtlich hat sich in Europa eine sehr hohe Stufe der

Zivilisation entwickelt. Ein zivilisierter Mensch ist jemand, der weiß, wie er in einer Zivilisation leben kann. Er weiß zum Beispiel, wie man Auto fährt, wie man Computer verwendet und wie man Regeln und Vorschriften respektiert.

Industrialisierung ist die Entwicklung von Industrien. Japan war im 19. Jahrhundert beispielsweise sehr zivilisiert, aber nicht industrialisiert. Da es sehr zivilisiert war, konnte die Industrialisierung sehr schnell voranschreiten. Damals konnte in Japan ein größerer Anteil der Bevölkerung lesen und schreiben als in Europa. Japan war also zu jener Zeit zivilisierter als Europa, aber Europa war industrialisierter.

15. Fragen und Antworten sind dasselbe

Die meisten Menschen haben Fragen und versuchen Antworten darauf zu finden, weil sie erwarten, dass sie besser oder anders leben können, wenn sie die Antwort erst einmal kennen. Aber oft genug finden sie keine Antworten. Dann sind sie enttäuscht, versuchen die Fragen zu vergessen und so zu leben wie alle anderen. Manche aber bleiben starrköpfig bei ihren Fragen und verschwenden ihre Zeit.

Zunächst müssen Sie wissen, dass Sie ohne Antworten leben sollten. Antworten sind Gedanken. Unbewusst denken Sie, dass es die Gedanken seien, die die Handlungen erzeugen. Deswegen suchen Sie Antworten. Da aber die Handlungen aus der Wahrnehmung kommen, brauchen Sie zum Leben keine Antworten.

Dann sollten Sie verstehen, dass Fragen und Antworten dasselbe sind. Ein einfaches Beispiel:
b+x=a (Frage)
x=a-b (Antwort)

Antworten sind nur eine vereinfachte Form von Fragen. Wenn Sie die Frage nicht weiter vereinfachen können, haben Sie die Antwort gefunden. Im Leben gibt es eine unendliche Anzahl guter Fragen. Während Sie versuchen, Antworten zu finden, verpassen Sie eine Menge anderer guter Fragen. Stellen Sie stattdessen also Fragen. Wenn Sie die Frage in der einfachstmöglichen Form stellen können, haben Sie bereits die Antwort. Auf diese Weise bleiben Sie für alle Fragen offen und erhalten trotzdem viele Antworten. So kann Ihr Leben interessanter und harmonischer werden.

16. Der eine Punkt im Unterbauch

In den Industriegesellschaften arbeitet man heutzutage vorzugsweise im Büro. Das heißt, man sitzt auf einem Stuhl und arbeitet mit Papier und Computern. Das wiederum bedeutet: Man bewegt sich acht Stunden lang kaum, die Blutzirkulation leidet und der Körper wird steif.

Die gängige Form, etwas dagegen zu tun, ist Sport oder Jogging. Das ist gut, aber trotzdem funktioniert der Körper während der Arbeitszeit nicht optimal. Gibt es nicht irgendetwas, wodurch der Kreislauf auch während der Arbeit gut funktioniert? Die Antwort ist Ja, nämlich die kontrollierte Atmung. Die Bewegung beim Atmen besteht einerseits aus der Bewegung des Zwerchfells und andererseits aus der Bewegung von Brust und Bauch. In gewisser Weise können Sie dies auch als innere und äußere Bewegung bezeichnen.

Sie können die innere Bewegung maximieren, indem Sie die äußere minimieren. Versuchen Sie, im Alltag Brust und Bauch nicht zu bewegen. Das tun Sie, indem Sie sich geistig auf den Punkt im Unterbauch konzentrieren, der sich als tiefster Punkt bewegt, wenn Sie tief einatmen. Diesen Punkt bezeichnet man als den «einen Punkt im Unterbauch». Indem Sie sich dieses Punktes stets bewusst sind, gewährleisten Sie eine gute Bewegung des Zwerchfells, auch wenn Sie im Büro sitzen. Diese Bewegung des Zwerchfells führt zu einer gut funktionierenden Blutzirkulation.

17. Es gibt keine universellen Prinzipien

Im alten Griechenland gab es die Philosophie: Am Anfang war das Chaos. Dann entstand der Kosmos und die Welt, in der wir leben. Der Kosmos wurde gelenkt von Prinzipien, und dementsprechend sollte auch der Mensch mit Prinzipien leben.

Im alten China gab es die Philosophie, dass zwei entgegengesetzte Kräfte, Yin und Yang, die Welt aus dem Chaos erschufen. Auch die Chinesen glaubten, dass es universelle Prinzipien gebe, denen der Mensch folgen sollte.

Es ist nicht notwendig, die Geschichte der Menschheit oder der Philosophie zu diskutieren, aber es ist notwendig, die reale Welt, in der wir leben, zu sehen. Sowohl in Europa (und in Amerika, wohin die Europäer ausgewandert sind) als auch in Asien suchen die Menschen nach universellen Prinzipien, um ihr Leben entsprechend führen zu können. Nun stellen sich zwei Fragen:

1. Gibt es universelle Prinzipien?
2. Brauchen wir universelle Prinzipien, um zu leben?

Universelle Prinzipien sind etwas, was zu jeder Zeit und an jedem Ort gilt. Viele glauben zum Beispiel, die Schwerkraft sei ein solch universell gültiges Prinzip. Aber sie ist es nicht. Es gibt keine Schwerkraft für etwas ohne Masse, und auch innerhalb von Dingen gibt es sie nicht. Andere sagen, «alles verändert und entwickelt sich» sei ein solches Prinzip. Materie mag der Veränderung unterworfen sein, aber Nicht-Materielles wie Geist, Schönheit oder Spiritualität verändern sich nicht. Wenn Sie das Universum genau betrachten, verstehen Sie, dass es keine allgemeingültigen Prinzipien gibt.

Warum aber suchen die Menschen nach allgemeingültigen, universellen Prinzipien? Sie suchen sie, damit sie Entscheidungen treffen können. Auch wenn Sie die richtige Art zu leben nicht kennen, wollen Sie dennoch Entscheidungen treffen und diesen Entscheidungen entsprechend handeln. Dazu brauchen Sie universelle Prinzipien.

Wenn Sie aber verstehen, wie Geist und Körper funktionieren, erkennen Sie, dass Ihre Handlungen nicht von Entscheidungen abhängen, und Sie verstehen, dass Sie zum Leben keine universellen Prinzipien brauchen. Wie leben Sie jetzt gerade? Die meiste Zeit leben Sie einfach in Harmonie. Wie sprechen Sie mit Freunden? Sie denken nicht erst nach und entscheiden dann, was Sie sagen sollen, sondern reden einfach, wie es Ihr Sinn für Harmonie erlaubt.

Wenn Sie einander lieben, brauchen Sie keine Regeln und Gesetze, sondern leben einfach zusammen.

Wenn die Liebe jedoch erlischt, beginnen Sie zu streiten und erstellen Regeln für das Privatleben, wie zum Beispiel, dass er im ersten Stock wohnt und sie im Erdgeschoss. Dann verschlechtert sich die Situation, und Sie beschließen, sich scheiden zu lassen. Sie wollen nicht mehr miteinander reden und überlassen das Problem den Anwälten. Mit anderen Worten, Sie machen sich abhängig von den Regeln und Gesetzen Ihres Landes. Genauso machen Sie es, wenn Sie Konflikte in sich selbst spüren: Sie halten sich an Prinzipien und machen sich von diesen abhängig. Probleme mithilfe von Prinzipien zu lösen, nennt man Disziplin. Warum aber können wir nicht immer in Harmonie und in Liebe leben? Wäre das nicht einen Versuch wert?

18. Technik

Technik bedeutet, etwas anders zu machen als zuvor, um auf harmonische Weise an ein Ziel zu gelangen. Das gilt auch für Veränderungen im Leben.

Es ist normal, dass Sie gelegentlich Dinge in Ihrem Leben ändern wollen, aber oft genug haben Sie mit Veränderungen so Ihre Probleme. Frust und Verzweiflung können die Folge sein. Als Hilfe sollten Sie folgende Meditationstechnik kennen: Geben Sie den Wunsch auf, etwas zu verändern, und entscheiden Sie, Ihr Leben für immer ohne Veränderung zu leben. So verändert sich etwas in Ihrem Inneren, und diese Veränderung bewirkt weitere Veränderungen. Schließlich wird sich Ihr ganzes Leben verändern, vielleicht einschließlich der Veränderung, um die es ursprünglich ging.

19. Nicht-Atmen

Wie können Sie Atmen im Alltag üben? Bei den meisten Leuten arbeitet das Zwerchfell nicht richtig und sie beschränken sich auf die Brustatmung. Bei normalen täglichen Aktivitäten muss man aber nicht sehr intensiv atmen, sanftes Atmen genügt.

Das maximale Atemvolumen ist gleich der Bewegung des Brustkorbs plus der Bewegung des Zwerchfells. Also ist die Bewegung des Zwerchfells gleich dem maximalen Atemvolumen abzüglich der Bewegung des Brustkorbs.

Das bedeutet: Wenn Sie Ihr Zwerchfell optimal arbeiten lassen wollen, sollten Sie den Brustkorb gar nicht bewegen. Haben Sie mithilfe der Übungen in Teil 3 herausgefunden, welches die richtige Körperhaltung im täglichen Leben ist, können Sie Ihren Körper mithilfe der Wahrnehmung steuern. Dann bewegt sich der Brustkorb nicht und das Zwerchfell kann optimal arbeiten. Üben Sie das einmal, wenn Sie eine Treppe hinaufgehen. Die meisten Leute atmen durch den Mund, wenn sie tiefere Atemzüge machen müssen. Wenn Sie aber durch den Mund atmen, atmen Sie unweigerlich in den Brustraum. Öffnen Sie in solchen Situationen nicht den Mund und versuchen Sie, kein Atemgeräusch zu machen. Dann werden Sie feststellen, dass das Zwerchfell optimal arbeitet. Sie werden auch bemerken, dass Ihre Atmung sofort wieder ruhiger wird, sobald Sie Ihr Ziel erreicht haben und stehen bleiben.

Praktizieren Sie das in Ihrem Alltag, und Sie werden bemerken, dass Sie Ihren Atem gar nicht mehr spüren, wenn Sie in Ruhe und ohne Bewegung sind. Sie fühlen sich, als würden Sie gar nicht atmen. Das ist normal, weil man die Bewegung des Zwerchfells an und für sich nicht spürt. Was man spürt, ist die Bewegung der Muskulatur um das Zwerchfell herum. Wenn es sich sehr harmonisch bewegt, spüren Sie es nicht. Das nenne ich «Nicht-Atmen». Sie werden den Eindruck haben, das Atmen hätte aufgehört. Sie werden die tiefe Stille in Ihrem Körper spüren. Das ist, wie wenn jemand, der in einer lauten Stadt lebt, in die Berge geht und dort die Stille entdeckt. Die meisten Menschen leben aber mit dem Lärm ihres Atmens und können so nie verstehen, was Stille ist. Aber wenn Sie verstehen, was «Nicht-Atmen» ist, können Sie die Stille verstehen. Dann werden Sie auch wahrhaft verstehen, was vollständige Wahrnehmung ist.

Über den Autor

Kenjirō Yoshigasaki-Sensei wurde 1951 in Kagoshima, Japan, geboren. Im Alter von 10 Jahren begann er mit Yoga, dann mit Aikidō und anderen Kampfkünsten, außerdem befasste er sich mit Zen, dem Shintō, der christlichen Religion und dem Islam. 1971 hielt er sich zu Yogastudien für ein Jahr in Indien auf. 1973 wurde er hauptberuflicher Aikidō-Lehrer und unterrichtete seit 1977 Ki und Aikidō in Europa und leitete den Verband «Ki no Kenkyukai Internationale» mit 120 Gruppen und mehr als 4.000 Schülern in aller Welt. Er starb im Jahr 2021.

Ebenfalls von Kenjirō Yoshigasaki im gleichen Verlag:

Aikido

Kunst und Lebensweg

456 S., 1487 Fotos und Diagramme
Großformat,
fest gebunden mit Fadenheftung
und Leseband
ISBN 978-3-932337-64-2

Aikido ist eine junge japanische Kampfkunst. Sie basiert zwar auf Kampftechniken aus der Feudalzeit Japans, hat sich aber zu einer Kunst des Friedens und des Nichtkämpfens entwickelt.

Ebenso wie Meditation ist Aikido ein Weg für alle, die auf der Suche sind nach Frieden im Geist und Frieden in der Welt.

Dieses Buch beschreibt im Detail, wie man mit Aikidotechniken Konflikte beilegen kann, anstatt sie weiter zu schüren. Es gibt dem Leser einen fundierten Überblick über die Grundlagen dieser Kunst sowie vielfältige Anregungen, diese in seinem Alltag anzuwenden.

Ebenfalls lieferbar: Die Originalausgabe in französischer Sprache und die englischsprachige Ausgabe, in gleicher Ausstattung:

Aïkido

Évolution dynamique

ISBN 978-3-932337-63-5

All of Aikido

ISBN 978-3-932337-65-9